中国近代外交の胎動

Emerging Diplomacy in Late Imperial China

岡本隆司　川島 真 編

Takashi Okamoto　*Shin Kawashima*

東京大学出版会

Emerging Diplomacy in Late Imperial China
Takashi OKAMOTO and Shin KAWASHIMA, editors
University of Tokyo Press, 2009
ISBN 978-4-13-021073-7

中国近代外交の胎動——目次

おわりに

凡例

一．とくにことわらないかぎり、本文の（　）は執筆者による説明、挿入補足、注記、もしくは原用語の提示であり、〔　〕は典拠文献を示す。

二．本文の日付は、原則として西暦により、適宜（　）で旧暦をつけくわえた。

三．表記は原則として、常用漢字・現代かなづかいによる。ただし史料の引用は、その限りではない。また、引用史料の明らかな誤字は、断りなく訂正したところがある。

四．引用文中の……は省略をしめす。

五．典拠文献の書名や書誌の詳細は、巻末の参考文献目録に記載する。なお頻出する史料で、名称が冗長にわたるものについては、以下のように略称をもちいた。

『毅伝』：『井上毅伝』史料篇
『日外』：『日本外交文書』
『高宗実録』：『大清高宗純皇帝実録』
『光緒会典事例』：『欽定大清会典事例』
『康熙会典』：『大清会典』
『乾隆会典』：『欽定大清会典』
『聖祖実録』：『大清聖祖仁皇帝実録』
『世宗実録』：『大清世宗憲皇帝実録』

『中日韓』：『清季中日韓関係史料』

『中日交渉』：『清光緒朝中日交渉史料』

BPP, No. 5 : British Parliamentary Papers, *China. No. 5 (1901).*

BPP, No. 6 : British Parliamentary Papers, *China. No. 6 (1901).*

BPP, No. 1 : British Parliamentary Papers, *China. No. 1 (1902).*

FRUS. 1900 : *Papers relating to the Foreign Relations of the United States, 1900.*

FRUS. 1901, Rockhill : *Appendix, Foreign Relations of the United States, 1901, Affairs in China, Report of William W. Rockhill.*

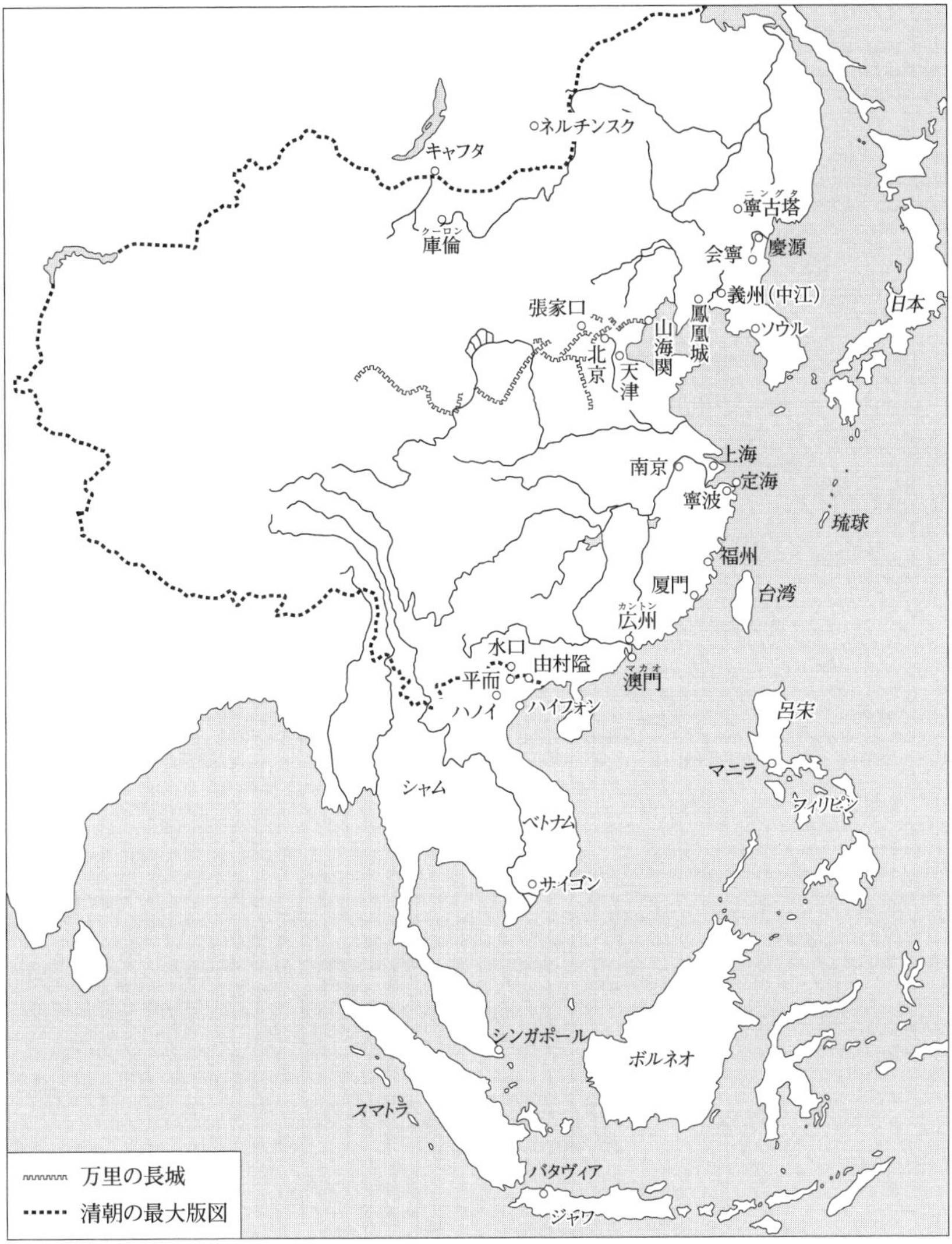

参考地図　17～19 世紀の東アジア

序章　中国近代外交へのまなざし

岡本隆司

一　中国外交と中国外交史研究

社会科学・現状分析の方面において東アジア国際関係・中国外交の研究は、急速な高まりを見せている。そこで明らかになったのは、おびただしい新たな知見ばかりではない。克服すべき課題も、やはり少なからず存在する。それはほかならぬ当事者たちが、もっともよく知るところであろう〔川島＝服部編 二〇〇七〕。それでも、外からながめる門外漢が、その一つをあげよ、といわれたなら、最たるものは、中国外交に内在するはずの歴史的要素をいかに考えるか、という問題だ、と答えたい。

中国が「世界の大国」をめざし、それを一定の程度、実現させつつある、というのは周知の事実だし、現状分析の多くは、それを前提に議論しているはずである。しかしそうした事実じたいとそれを裏づける意向とは、いま現在、眼前にあって、しかも周知であるがために、かえって考察を要しないあたりまえの常識、自明の与件としてとらえられがちである。なぜ中国が「世界の大国」をめざすのか、という問いを発し、答えようとすることは少ない。

たとえば、中華思想という言葉がある。これは日本など他者から見た中国に対する形容ないし意味づけであって、中国の中国じしんに対するそれではない。他者に対する優越は、中国の知識人にとって、古来あまりにも当然で、何ら意識、解説、証明する必要のない、自明のことがらである。かれらの自意識としては、悠久の昔から中国は、一貫して大国だったのであって、その表現として、自ら天下・文明の中心を意味する「中華」「中國」と呼びならわしてきた。それは必ずしも虚勢ではないし、いわんや威圧でもない。ごく自然な自称、自尊の表明であり、また漢字を使う以上、そう書くほかなかったものでもある。もちろん客観的な事実を細かくみていけば、例外は少なからずあるにしても、大づかみにいって、「中華」を思想と呼ぶには、あまりに血肉となりすぎていたものであろう。

ところが、現代の中国人は自国の名に中華を冠し、なおかつ「偉大なる祖国」と称する。旧来の「中華」とちがって、ずいぶんぎこちない、わざとらしい言いまわしになった。というのも、何よりもまず、自他にこういわなくてはならない、という暗黙の意識があるからであり、実は痛切な響きを内包している。裏返せば、そうではなかった、口にしたくとも、そういえなかった時代がある、という自己認識をへたものなのである。現代中国の思考・行動様式を、安易に中華思想と表現しがちな日本人は、このあたりの事情をどこまでわきまえているであろうか。

その時代とは一九世紀の後半から二〇世紀の前半、いわゆる「百年国恥」、「屈辱の百年」にほかならない。「世界の大国」をめざそうとするには、まず「世界」の存在を知覚・是認し、そのうえで、「大国」ではなくなった、という自覚がなくてはならない。いずれも、客観的に正確な認識だったかどうかは、自ずから別の問題であるが、「大国」化という動機と志向が生ずるには、少なくとも前提として、こうした意識が不可欠であろう。そこに「中華」という古来の自尊、およびそれにまつわる多様な事象が、いかに関わっていたのか。つまり、「世界の大国」へ向かって出発するには、そのスタートラインに立つまでの長い歴史過程が、厳然と存在しており、それは当然、スタートのしかたをも左右するものだということである。

こうした事情はなかんずく、外交という分野にあてはまる。「中華」にせよ「大国」にせよ、あくまで相対的な概念であって、中国だけでは成立しない。ほかの国々との関係があって、はじめて成り立つ。しかも「大国」の前提に「中華」があるとすれば、その対外関係、外交をおさえておかなくては、正しい理解には到達できまい。なぜ現代中国の外交がいま現在のような形をなしたのか、という問いをたてれば、その答えはいくつもありえよう。しかしそうした複数の解答すべての前提として、その歴史的な背景を知らずにすませることはできまい。解答の正否をも左右しかねないからである。

歴史的な中国の国家のありよう、政府の位置、対外政策決定のプロセス、世界観、外交思想、交渉の形態、外交官の役割、総じて「伝統外交」と称せられる多様な史実は、果たして社会科学・現状分析の領域で、どこまで理解が得られているであろうか。むしろ「伝統外交」をさしたる検討なしに捨象してきた、さもなくば、「伝統外交」と称することで棚上げし、事足れりとしてきたのではあるまいか〔青山 二〇〇七、五、一三～一四頁〕。ひたすら目前の事象を追いかけるだけなら、それでもよい。しかし長期的な視野に立って、中国外交の現状や今後を見すえようとするなら、それは「伝統外交」の内実を理解することなくしては、困難をきたすであろう。

このようにみてくると、一九世紀以来の中国外交そのものの理解と把握が必要なのは明らかである。だが、それはたちどころに達成、解決できる課題ではない。社会科学の領域に対し、歴史的な背景も考えよ、と求めるのはたやすいけれども、求められたほうにとっては、無理難題である。考える手がかりをなすはずの中国外交史の研究、歴史学の方面からする研究蓄積がきわめて少なく、現状分析の立場からみれば、おそらくとりつく島もないからである。そこでいよいよ、歴史学的な中国外交史の研究が必要になってくる。

以上のような動機にはかぎらない。歴史が必ず現在に直結せねばならぬ、目前の効用に資さねばならない、というきまりはどこにもない。時代はそれぞれ固有の価値をもつ。この場合でいうなら、現代の中国外交がいかなるものであろうと、あるいは、それに対する研究の水準がどうであろうと、いわゆる当時の「伝統外交」にわからないところがあれば、それを研究、解明するのに、何の躊躇も留保も必要あるまい。

もちろん、手薄なながにも深浅のちがいはあって、社会科学の領域に直接する二〇世紀、いいかえれば中華民国以後の外交史研究の領域には、現状分析と連続、共通する側面がある。とりわけ国際関係のなかでの国際標準や「大国」化という論点は、それに相当する。かつまた近年の多方面にわたる研究の進展によって、社会科学・現状分析と歴史学のあいだで議論、対話をすすめる素地ができつつある〔川島 二〇〇四a〕。

問題となるのは、中華民国以後の外交をみるさい前提をなす、一九世紀から二〇世紀初頭にいたる時期の研究である。いわゆる中国近代外交史(1)の史実分析、研究蓄積がきわめて手薄なこと、換言すれば「絶学」にみまがう状態にあったことが、現在もっとも克服すべき、重大な課題であるといえよう。

それをもたらしたのは、ほかでもない日本の歴史学、いわゆる東洋史・中国史研究の体質にある。東洋史・中国史の研究・学界は、その出自と発展のありようから、対外関係史あるいは外交史の歴史的・実証的な研究、そしてそれを主軸とする近代史の研究をもっとも軽んじてきたからである〔岡本 二〇〇四、三八七～三八八頁・岡本 二〇〇六a、一二九～一三五頁〕。中華民国以後の外交史の位置づけや評価に、なお不安定な点があるとすれば、主因はまず、ここにもとめるべきであり、ひいては、現状分析の中国外交に対するみかた、とりわけその不可欠な論点をなす「伝統外交」の文脈にも、その影響が及んでいる。

そこで、本書は原則としてあつかう範囲を一九世紀後半にしぼり、あくまで歴史学の立場から、その時代の中国外交史を究明することを課題を設定する。この時期は中国最後の王朝たる清朝の対外関係から、中華民国に入っての「外交」関係になってゆく過渡期にあたる。それをへた結果、現在の「中国」「中国人」概念の原型が創成され、その「中国」は「世界」の「大国」に非ざることをかれらが自覚し、あらためてそれをめざすという歴史過程がはじまる。そして今なお、その過程は完結していない。したがって、現代中国の外交は、この過渡期を明らかにしなくては、十分な理解には達しえないであろう。

二　回顧と展望

そうはいっても、この時期をあつかった研究が皆無だというわけではない。それどころか、国外もふくめて考えれば、中国近代史のなかでももっとも研究がさかんな分野のひとつだったともいえる。清末時代の外交史というのは、じつに戦前から、欧米・中国、そして日本で研究がすすめられていた。そしてそれが通例の中国史の研究とは、一線を画していた、あるいは出自の異なるものであったところにも注意しておきたい。

まず欧米からみよう。周知のとおりヨーロッパには、イエズス会の調査研究を嚆矢とする重厚なシノロジーの伝統があり、それが一九世紀末のフランス・シノロジーに結実する。その草分け的な存在であるコルディエ（Henri Cordier）には、たしかに外交史研究の著述も多い〔Cordier, 1901-1902 ; Cordier, 1905 ; Cordier, 1906〕。けれども、それはかれ自身にとっては、むしろ周辺的な仕事であったし、以後もフランス・シノロジーの中心は、決してそこにはなかった。今もまちがいなくそうであろう。

ヨーロッパには、しかしこれとは別の伝統もあった。イギリス外交官の中国研究の系譜で、一八世紀末のマカートニー（George Macartney, first Earl of Macartney）使節に始まる、いわば「セキュラー」で「実務家的な」研究である。それは当初、多分に個人の関心・資質に左右されたものの、カントン・ファクトリー以来、継続したその方向性をアングロ・サクソン的な組織に組み入れて〔坂野 一九七〇、二五七～二六三頁〕、研究者輩出の母胎となったものが、洋関（中国海関）である。洋関出身の中国学者・東洋学者は、多国籍にわたって枚挙に暇あるまいが、本書のテーマにかかわって、一人だけあげるとすれば、モース（Hosea Ballou Morse）に言及しないわけにはいかない。外国史料を有効に使いきったかれの、とりわけ外交史の研究〔Morse, 1910–1918〕がゆるぎない範例となって、一九二〇年代から三〇年代の同時代に、英米の重厚な研究を生み出し〔Dennett, 1922 ; Costin, 1937 ; Pritchard, 1929 ; Pritchard, 1936〕、それ以降、時系列的には後述のように、アメリカの中国近現代史研究そのものの源流をなした〔岡本 二〇〇七a、一一～一二頁〕からである。

次に、ほぼ同じ時期の中国にうつろう。辛亥革命・国民革命をへた中華民国における民族主義の高揚は、歴史研究の領域も当然、例外ではない。旧中国において、経学とならんで学術の双璧に位置していた史学は、学問体系の変革とともに、単なる「國學」の一分野に化した。しかし同時に、いわゆるナショナル・ヒストリー的な地位をも付与せられ、民族主義の確立と発揚の一端を担うようになる〔中国之新民 一九〇二〕。

その典型として興起するのが中国近代史研究、なかんずく清末外交史研究である。『清史稿』『籌辦夷務始末』『清季外交史料』ほか、外交史の基本資料は民国二〇年代、ほぼ時を同じくして編纂、出版された。そしてその事業を推進し、学問分野として中国近代外交史研究を創設、確立したのは、蔣廷黻である。その研究が「民族救亡」、民族主義の高揚という同時代的関心と密接にむすびついていたのはいうまでもない。モースの時期区分を下敷としつつも、辺境・周辺国「喪失」の事件史を体系づけたところに、それが明白にみてとれる。しかしその方法はあくまで一次史料に密着したものであって、現在でもその価値は失われていない〔蔣編 一九三一・蔣編 一九三四・蔣一九三八〕。かれが整理した第一次史料を駆使して、かれが構想し体系づけた事件史を個別にそれぞれ深める、という形で、次の世代に研究がうけつがれていった〔邵 一九三五・王 一九三七・梁 一九九九・張 一九三七・王編 一九三二―一九三四・郭編 一九四一〕。

さて日本の情況である。日本の中国史研究は周知のとおり、漢学・シナ学的な伝統をうけついだものだが、中国近代史研究は例外である。現在われわれがいうところの近代史研究は、当時はむしろ時事論、現状分析としてあって、必ずしも歴史研究ではなかった〔岡本 二〇〇六a〕。そんななか、外交史をあつかった研究には、三つの系譜が存在する。

ひとつは列強が中国に有した権益という現状を分析する一環として、歴史的な外交関係に論及したもので、国際法学を武器とする研究がさかんに行われた〔入江 一九三五・入江 一九三七・英 一九三九〕。その代表的存在が植田捷雄《としお》である〔植田 一九三九・植田 一九四一・植田 一九六九・坂野＝田中＝衛藤編 一九七一、一六八頁〕。

第二は中国史研究とつながる系譜である。明清時代から民国にいたるまで、営々と外交史の研究をつみかさねた矢野仁一がそれであり、中国史研究の立場から外交史をあつかった、ほぼ唯一の研究者といってよいであろう〔矢野 一九二六・矢野 一九二八・矢野 一九三〇・矢野 一九三七・矢野 一九四一〕。

第三に、矢野仁一にもあてはまり、また近代の外交史研究にかぎったことでもないが、いわゆる「帝国」日本のありかたと密接な関係をもち、その一側面をなした研究である〔中見 二〇〇六、四一～四四頁・井上 二〇〇六〕。中国での外交史研究が民族主義と不可分の関係にあったように、日本のそれも、同時代的な関心と制約からまぬかれることはできなかった。不朽の光を放つ田保橋潔《たぼはしきよし》の朝鮮史研究・東アジア外交史研究も、当時にあっては「国史学」にほかならず、その例に漏れない〔田保橋 一九四〇・田保橋 一九五一〕。

このように出発した欧米・中国・日本の三者は、戦後になって、それぞれの方向にむかった。一言でいえば、三者ともに大きな変貌をみせる。まずアメリカでは、モースと蒋廷黻の薫陶を受けたフェアバンク（John King Fairbank）が、欧文・漢文史料を駆使して、アヘン戦争前後を中心に清末外交史を研究し、その成果を「条約体制（treaty system）」「朝貢体制（tribute system）」、「衝撃―反応」パラダイムという中国近代史一般の理論枠組にまで高めた。アメリカの中国近代史研究そのものが、そこから出発した〔Fairbank, 1969；Fairbank, ed., 1968；Wright, 1957；Hsü, 1960〕のである。

アメリカの研究はその後、長足の進歩をとげると同時に、近代史にとどまらないパラダイムの転換をとげ、なかんずく「中国自身に即したアプローチ（China-centered approach）」によって、社会史を中心に多岐にわたる成果をあげるようになった〔コーエン 一九八八・佐藤 一九九三〕。ただし清末外交史研究の進展という点にかぎってみれば、欧米の研究は一九七〇年代以降、そこで頭打ちになって、後続の研究はフェアバンクの業績が偉大にすぎたのか、外交史を対象の外に棚上げしつづけている。

中国の動向はいうまでもなく、大きな政治上の制約を受けたものである。唯物史観・人民闘争史観を信奉する大陸の研究は、外交史研究の存在する余地がきわめて小さくなった〔狭間 一九九三、四二～四三頁〕。もちろん研究が皆無だったわけではない〔胡 一九五二・丁 一九六一〕し、情況はかわってきたけれども、その後遺症はいまも残っているといって過言ではあるまい。

それに対し、注目に値するのは台湾の研究である。台湾でも当初は、大陸とさして事情はかわらなかった。けれども国民党政権の遷台とともにもたらされた厖大な檔案史料の整理に立脚して、清末史とりわけ外交史の研究で大きな成果をあげるようになり[2]、蒋廷黻の学統がここに接続したわけである。俗に「台北学派《タイペイ・スクール》」と呼ばれるその研究成果は、「史実の詳細な記述にすぐれ、理論的な分析が不徹底」という共通の特徴を有する〔坂野 一九七三、五八八頁〕。このようにいうと、ネガティヴな評価になってしまうが、それはむしろ、その檔案史料がこれまでわからなかった「詳細な」「史実」を知らしめたからであり、それがいかに大きな価値を有したか、その逆説的な証明をなすものであろう。たとえそうした成果が、蔣廷黻以来の枠組をほとんど墨守しつつ、外交檔案の整理編纂に対応した研究構成をとっていたとしても、その価値を過小評価してはならない。

しかしそうした史料的に有利な立場を生かす研究は、永続しなかった。史料の整理、分析、出版が一段落つくと、台湾の学界もアメリカと同じく、社会史を主軸とする研究方向に転じる。かくてしばらく戦前からの連続性を保持し、外交史を主軸としていたアメリカ・台湾の中国近代史研究が、その比重を社会史にうつしたことで、外交史研究は欧米でも中国でも、まったく低調となってしまった。

外国のこのような事情と比較しても、はるかに急激な変化をみたのは、やはり戦後日本の研究である。外交史研究にかぎっていえば、三つに大別できた戦前の学統は、ほぼすべてが断絶同然となった。良くも悪しくも、いわゆる「帝国」日本の存在と不可分であった外交史研究は、その存立の根柢を批判、否定され、「満鮮史学」をはじめとする系譜はもとより、矢野仁一の学統も断絶し、歴史学の立場からする外交史研究は、急速に衰退せざるをえなくなる。そのなかでなお唯一、存続したのが植田捷雄の学統であった。それはもちろん、植田捷雄流の国際法学を用いた研究方法がそのまま継続した、という意味ではない。その方法じたいは、ほぼ中国を対象としなくなったのだが、かれの門下生が政治学の一部として、外交史研究に従事するようになったのである〔衛藤 一九六八・坂野 一九七〇・坂野 一九七二〕。ちなみに、そうした趨勢は何も東洋史・中国史の領域にかぎらない。日本史でも同じ、いなもっと甚だしかったといえよう。

以上のような研究史のなかで、集大成的な位置をしめるのが、坂野正高の研究である。それはまず、モースからフェアバンクの学統にみられる、外国史料をつかった対外交渉に重点をおき、漢文史料の渉猟も中国（台湾）の研究に勝るとも劣らず、そして矢野仁一が範を垂れた両者の校合を織り込みつつ、法学・政治学的なセンスと方法を十分に生かすものであった。それまでの日米中の学統を統合する、いわば「三位一体」的な成果なのであり、事例研究では総理衙門創設史が、概説では西力東漸から五四運動までの政治外交史が、その典型である〔Banno, 1964, 坂野 一九七三〕。事件の列挙で編成されてきた外交史研究を事件史ばかりで完結せしめず、政治学流・中国史流の政治史・制度史の研究にむすびつけた点が、前人未到だといえよう。

このように、坂野の到達点があまりにも高かったがゆえに、それでなくとも少数化、孤立化を深めていた外交史研究は、いよいよ有志だけがとりくむ、すぐれて特殊なテーマと化し、それも坂野がとりあげなかった間隙を埋める作業に特化した。最近までのものを拾っても、たとえば、アヘン戦争前史〔井上 二〇〇四〕、アヘン戦争史〔佐々木 一九七九―一九八四〕、清韓関係史〔岡本 二〇〇四〕、日清開戦史・戦後史〔Sasaki, 1984, 佐々木 一九七七・佐々木 一九七九〕、民国前期外交史〔川島 二〇〇四a〕くらいしかない。

こうした「絶学」化の趨勢は、日本の中国史研究そのものが一九八〇年代に全体的に転換し、対外関係などの外在的契機よりも、社会経済のような内在的な契機を重視するようになったこととも無関係ではない。そうした経済史の研究のなかから、外交史に言及する研究も出てくる。

そもそも中国近代の外交で問題となった案件には、通商にかかわることが圧倒的に多く、かつ重大で、さればこそモースは、外交史を追究しながら、外交交渉におとらないほどに貿易史の研究を行ってきた〔Morse, 1910–1918 ; Morse, 1908 ; Morse, 1909 ; Morse, 1926–1929〕。これを起点に、外交と密接にかかわる通商史・経済史の研究成果が生まれてくる〔Pritchard, 1936 ; Greenberg, 1951, 田中 一九七三・濱下 一九九〇〕。こうした経済史的なアプローチは、やがて世界観・秩序観の問題に波及して、ひろく中国近代の対外的な秩序関係全体をあつかう研究を生み出すことになる〔濱下 一九九七・茂木 一九九七・岡本 一九九九〕。

いまひとつ見のがしてはならないのが、改革開放以後の大陸で高まってきた対外関係への関心であり、たとえば、洋務運動の再評価に代表されるような動向である。これは上述の経済史的なアプローチとも当然、無関係ではなく、最近になって外交史研究の復興という結果をもたらしつつある。外交史専門の研究に関するかぎり、それは民国時期に偏っていて、なお全面的なものではありえないけれども、急速に力強い動向となりつつあり〔廖＝岡本＝川島 二〇〇四・金＝王主編 二〇〇六〕、日本の民国外交史研究とも共鳴する潮流を形づくっている。

三 本書の課題と構成

このように従来の研究を概観してくれば、中国近代の外交史が必ずしも主流の、さかんな研究領域でなかったこと、そしてその成果もかなり不均等であることは、納得できるだろう。そこで問題となるのは、大別して二つある。

ひとつは研究の対象となる時期・題材、ひいては論点的な偏りという問題である。従前の研究は、両次アヘン戦争前後の時期、一九世紀の半ば以前に集中する傾向が顕著だった。中国近代の画期をなすとみられてきたのだから、それは当然であるし、欧米も日本もその傾向は、まったく同じなのである。日本などはむしろ、それしかなかった、といっても過言ではない。ようやく近年になって、民国期の研究が高まりをみせてきたことと考えあわせると、要するに、一九世紀の半ばと二〇世紀の前半に研究が集中し、そのあいだがきわめて手薄になっている、ということである。[3] そこをカヴァーしているのは、経済史的・思想史的なアプローチにもとづく、大づかみな秩序関係を措定した研究だけだといってよい。

第二に、史料上のバイアスが存在する。なかんずく中国側の編纂史料をしかりとする。たとえば、基本的な史料集をなす『清季外交史料』『籌辦夷務始末』は、前者が民国の「民族主義」的な観点から、後者は一八世紀に西洋諸国を対象に形成された華夷観、「夷務」の観点から編纂を行っており、一八七〇年代半ばを境に、前後をそれぞれ両者が二分し、とりこむという様相を呈している〔岡本 二〇〇七b、三〜四、一二〜一三頁〕。つまりアヘン戦争以前と二〇世紀以後の観念が、その間に介在し、いずれかだけでは説明しきれないはずの時期の事象を、前後から覆い分断してしまった、ということである。

以上に典型的にみられるような、史実記録の「夷務」的な観念と「民族主義」的な観念による二分[4]は、一九世紀半ばと二〇世紀前半に対象が偏在する研究の大勢に、期せずして対応する。そればかりではない。中国近代外交研究で久しく支配的な枠組となっていた、フェアバンク流の「朝貢体制」「条約体制」という二分法的・段階論的な視角とも、また、本章の冒頭に述べた社会科学・歴史学をめぐる課題とも、じつに合致したものとなっているわけである。

そうしたなか、史料に恵まれた「台北学派」のみが、その間に介在する時期・事象を、いわばまんべんなく研究し、成果をあげてきた。けれども、やはりそれは蔣廷黻が体系づけた事件史を個別にとりあげたにとどまる。史観・体系として偏向から脱却できていないのは、「理論的な分析が不徹底」というその特徴がしからしめたところであろう。

したがってこうした現状を克服するには、少なくとも二つの方法が要求される。ひとつはこの時期、一八七〇年代から九〇年代に固有の価値を付すこと、換言すれば、従前の「夷務」的、「民族主義」的観点から編成された事件史の体系を、あくまで客観的、歴史的にみなおすことである。

そのためにはどうすればよいか。そこで第二として、坂野正高の外交史研究の大きな特徴をなした制度史的な観点や方法を積極的にとりいれることをあげたい。もちろんそうした研究が皆無だというわけではない。しかし数は決して多くないし、必ずしも動態的な考察にもなっていない〔陳 一九四五・王 一九九一〕。実地の外交交渉とならんで、その実務をささえる組織・機構、さらにそれと不可分の関係にある利害関心・世界観、およびその変遷など、そうした外交の背景・基盤をなす対象に着眼する考察である。これが実践できれば、たんに個別の事件史、その史実じたいを精細に叙述し、交渉過程を復原するにとどまらず、史実と史実、事件と事件をつなぐ体系をいっそう重視することになるからである。

史料情況がかつてない良好な環境にある昨今、史実の詳細な解明はずいぶん容易になった。むしろおちやすい陥穽は、そこに跼蹐《きよくせき》してしまうにある。現在の史料水準にもとづくことは当然であるし、従前の研究水準を下げてはならぬのも、また当然である。外交史と題する以上、それはもちろん特定の二国間関係史・交渉史ではありえないし、中国一国の内政史でもない。あくまで当時の中国外交の総体的・体系的な解明をめざさなくてはならないし、同時に具体的な事実に即した論述でなくてはならない。そうはいっても、紙幅と能力の制約から、その事象すべてをとりあげるわけにもいかない。主軸をなす事象を厳選する必要がある。

一九世紀後半を通じた「清末」の外交関係をみると、それは大きく分けて、三つの軸で構成されていたといえよう。ひとつは日清関係、いまひとつは西欧列強との、第三にアメリカとの関係である[5]。前二者はそれ以前から存在し、この時期に変化をきたし、民国時期にもそれがひきつがれる。これに対し、当時それほど重要ではなかったアメリカの登場と比重増大こそ、清末と民国を、いわば近代と現代を区切る大きな画期をなす。そこで当面の対象は、前二者になるわけだが、もっとも長期的に継続し、かつ比重を増して、歴史過程の起動力になったのは、やはり日清関係である。なかんずく一八七〇年代以降を視野に入れると、そうみなさざるをえない。

一八七〇年以前だけをみるならば、両次のアヘン戦争でヨーロッパ列強を、二〇世紀前半なら利権獲得競争はじめ、やはり欧米列強を中心として論じざるをえなくなり、日本との関係はその陰に隠れてしまう。けれども一八七〇年代以降の歴史過程〔佐々木 二〇〇〇〕と清朝当局者の危機感〔『籌洋芻議』九〜一二葉〕、そして民国時期との関連、連続を考えたならば、欧米に勝るとも劣らず、日本に着眼する必要はただちに了解されよう。にもかかわらず、そうした方向は、とりわけ日本の清末外交史研究では、あまり意識的になされてはこなかった。日本に着眼するのは、当然ながら日本近代史研究の領域であって、日本はそこでは、所与の存在にほかならない。本書は中国の外交史という文脈で、あえて日清関係を主軸にすえ、中国の側から日本をいかに位置づけられるのか、その解明につとめたい。

もちろんそれは、日清の二国間関係ばかりでは完結しない。西欧列強との関係、国際関係とのかかわりが、やはり不可分的に存在する。それは当時からすでに自覚されていたことがらであって〔『籌洋芻議』一七〜一九葉〕、日清関係の変化はそこからおこり、外交のみならず、中国そのものの変容にもつながってゆく。したがって列強との関係をあわせみていかねばならない。

そうした歴史過程は、時系列的な区分と分野的なひろがりを組み合わせて考えると、三つのまとまったカテゴリーに分けることができ、これに応じて本書も三部構成とする。当時の中国側の概念に即してそれぞれを名づけたうえで、その特徴を大づかみに述べれば、以下のようになろう。

第一に、一九世紀前半から一八七〇年にいたる「夷務《いむ》」の時代、第二には、一八六〇年代以降、一八九〇年代までの「洋務《ようむ》」の時代、第三に、一八九〇年代以降、世紀交を転換軸とした「外務《がいむ》」の時代である。これは外交ばかりではなく、中国の対外的な態勢・体制の変遷にも即応している。

第Ⅰ部は一九世紀前半、西洋との通商が拡大し、交流・交渉も本格化してから、アヘン戦争を経て条約関係に入るまでが範囲となる。これを「夷務」の時代とくくるのは、すでに言及したように、当時の清朝側の華夷観に応じたものであり、その観念をひとつの手がかりとして、旧来の対外関係のありようとそれが変わりはじめる具体相の描写を表現できるからである。

第一章は、第二次アヘン戦争後にいたる清朝の通商制度を全体的に俯瞰しつつ、同じ時代につかわれていた「互市」という術語に着眼して、その性格と変遷を分析する。清朝の内在的な視角から、当時の通商の内容、西洋列強と結んだ条約の位置づけを解明することで、「朝貢システム」などの概念枠組を批判するとともに、日清修好条規を「互市」「夷務」の総括であるとの展望を示す。

その日清修好条規を客観的具体的にみなおそうとするのが、第二章である。条規締結にいたるまでの日本の動向を綿密にあとづけ、先行研究にいう日本側の企図が成り立ちえないことを論証する。そのうえで、条約の形態でむすばれた日清修好条規には、条約の慣例とは乖離した清朝の企図が混入していた事実を明らかにする。それがとりもなおさず、日清対立の端緒となってゆくのである。

第三章は、この日清修好条規の改正問題、とりわけ在日華人の扱いを中心に、日清の交渉を考察する。当時の日本と清朝は近代西洋的な主権国家たらんとする志向に大きな差があった。日本の強い志向は、欧米に対する条約改正要求となるとともに、そうした志向の弱かった清朝に対する緊張と交渉の材料としても作用した。それが以後の日清関係を規定し、中国近代外交にも一定の影響を及ぼすのである。

一八六〇年代以後の中国では、「夷務」を「洋務」と言い換えることが多くなる。この「洋務」は、現在一般にいう洋務運動と必ずしも同じ意味内容ではない。当時はあくまで対外関係の総体を指して用いたものである。「夷務」といえば、多分に蔑称のニュアンスがあって、「洋務」といった場合も、それは変わらなかった。しかし第I部で見るように、日清関係の進展とともに、それまでの「夷務」的な態勢・制度が変わってきて、それにともない、「洋務」の内容と意義づけもまた転換してくる。

そこで第II部「洋務」の時代では、その転換のありよう、とりわけ清朝の側に条約（外交）関係に対処できる態勢がととのう動向をみる。「夷務」「外務」という新旧の観念に介在する「洋務」が、外交上いかにあるのか、は従来の研究では必ずしも明確ではなかった。それを把握するには、個別の外交交渉をとりあげるばかりでは、ともすれば特殊事例のみの堆積になりかねない。むしろその背後に厳存する制度と理念をみたほうが捷径《しょうけい》である。そしてその大きな特徴として、制度・理念ともに、一八八〇年代に変化をはじめていることに注目したい。

第四章は第三章に言及する在外華人の管理問題に直面した清朝が、その対策とした在外領事の設置を考察する。一八七〇年代に領事の派遣を開始した後も、清朝政府内ではその増設の賛否をめぐり意見が一致しなかった。在外華人と領事をいかに位置づけるのか、具体的に定まっていなかったからである。そうしたなか一八八〇年代初頭、在シンガポール領事左秉隆が説得力のある意見を提起し、これが以後の領事増設論を大きく規定した。

第五章は以上の領事を統轄した公使館に対し、人事制度を中心に考察を加えたものである。当初の在外公館は、本国の地方の洋務機関と同じ性格を有し、専門的な外交官スタフを育成、登用する制度は未確立であった。しかし一八八〇年代を経過するなかで、いわば実地研修で対外交渉の実務家を養成すると同時に、外交それ独自の重要性を中国社会に訴えはじめたのである。

第六章はこうした制度転換の経過をふまえて、清末の外交に関わる政策理念を追究したものである。一九世紀後半に清朝が在外公館を設置したことは、在外華人を積極的に保護する政策への転換を意味した。これは近代的な自国民保護の原則の適用であると同時に、伝統的な華人掌握を徹底するという側面も有している。こうした二面性は華人保護にとどまらず、辺境政策にも共通しており、当時の中華帝国再編の特徴をなしていた。

「外務」というのは、もともと翻訳語である。「夷務」「洋務」の時代にすでに存在しながら、もっぱら西洋の外政をいいあらわす概念であって、清朝のそれには、ほとんど使われなかった。ところが従来の「洋務」が、日清戦争・戊戌変法・義和団を経てゆきづまったと認識されたことから、とりわけ外交分野に特化して用いられるようになる。

第III部はそこで、その時期に清朝側の対外的な姿勢や制度が変化してゆく動向を、「外務」の時代と名づけて、具体的な国際関係と制度的な構造、いわば外的な契機と内的な契機の両面から検討する。そのなかで清朝の行動・観念・制度がいかに変わるのか、変わらなかったのかを追跡し、外務部の成立をひとつの画期とする過程を考察し、中国の「外務」「外交」が成形化してゆく展望を示す。

第七章は清朝の転換・再編を示した第II部の趣旨をうけ、とりわけ朝鮮半島をめぐる国際関係とそれに対する清朝の動向を中心に考察したものである。朝鮮の「独立」が二〇世紀も間近になってようやく実現し、しかも一九〇四年には否定されてしまうその過程をあとづけ、朝鮮の「独立」を可能ならしめた、また逆に挫折せしめた動因を明らかにするとともに、そのなかで清朝の外交が占めた位置とその内実、変化について考察する。

第八章は一九〇一年から一九一一年の間に設けられた外務部、とりわけその創設過程をつぶさに追跡したものである。「外務」を冠した中央の外政機構の創出は、中国外交制度の変容を考えるうえで重要である。外務部設立の直接の契機となった列強の要求と清朝側の対応、それらを通じてできあがった制度設計を詳細に検討することで、前後の時代との連続・断絶のありようを描き出し、近代外交形成への展望をえる。

以上の本書の叙述をまとめれば、次のようになる。清朝の対外的な態勢は、一九世紀半ばの両次アヘン戦争をへても、本質的には変化をきたさなかった。ところが明治日本の勃興を契機に、日本との対立を軸として、清末の対外関係が構成されるようになった。それにともない、それまでに中国に入っていた西洋の知識・制度が、現実政治の場で用いられ、西洋的な外政機構が設けられ、それにもとづく施策・交渉も、次第に活潑となってくる。もっともそれは、西洋式の外交が中国で開始されたことを意味しない。それには、日清戦争から義和団にいたる、国際的・国内的な大事件の継起と、それにともなう変革の契機が不可欠であった。中国の近代外交は、二〇世紀に入るころになって、ようやくその胎動が明確にみえはじめるのである。

（1）　ここにいわゆる「中国近代外交史」の「外交」とは当然、一八世紀の終わりに通用するようになった diplomatie の訳語であり、西洋近代の国家間関係・交渉のありかたをさす。現代外交の直接的な前提をなす、という観点から、あえて「外交」と称するものであって、いわゆる「外交史」と銘打つ研究は、どこの世界をとりあげるにせよ、意識するとせざるとにかかわらず、これが最低限の前提であろう。ところがとりわけ日本史もふくめた、東アジア史の研究では、こうした前提はあまり意識されていないようである。最近では松方冬子がこの点を指摘している〔松方　二〇〇七、六～八、二四頁〕。

これと関連して注目すべきは、夫馬進の「近代以降の中国外交史にかかわる研究書は数多くあるのに、前近代のそれを「外交史」と題して叙述するものが極めて少ない」という所説である〔夫馬編　二〇〇七、ix～x頁〕。この論述じたいに、もちろん誤った点はない。けれども、いわゆる「外交史」という概念の厳密な定義、くわえて、なぜ「前近代のそれを「外交史」と題して叙述」しなくてはならないか、の論理的かつ明確な説明がない。そのため、中国近代の外交史に対する研究が豊富で、前近代の対外関係史研究が乏しい、という研究史全体の動向・現状とはまったく逆の印象を与えかねず、いささかミスリーディングな議論だといわざるをえない。

（2）一九六〇年代から八〇年代にかけ刊行された、中央研究院近代史研究所専刊のシリーズが好例である。すべてをあげるのは不可能なので、檔案の系列に対応するものだけ言及しておこう。（ ）内が、とりあげた研究と関連して整理、もしくは刊行された檔案名である。呂 一九六六（「教務檔」）・李 一九六六（「越南檔」）・林 一九七〇（「朝鮮檔」）・王 一九八一（「日本換約檔」）。

（3）もちろん例外はある。たとえば、つとに洋務運動研究の一環として外交史をとりあげた、中村義《ただし》や鈴木智夫がその好例であり〔中村 一九六七・鈴木 一九九二〕、その視角が今日あらためて問い直されているともいえよう。

（4）ここでは、編纂史料にのみ言及したけれども、檔案史料も保存・整理・公開という手続をへる以上、同様のバイアスはまぬかれない。以下に述べる「台北学派」の成果の特徴をみても、それは明らかであろう。

（5）いうまでもなく、もうひとつの大きな軸として、ロシアとの関係が存在し、本来なら独立してあつかうべき重大な主題である。清代より西欧諸国とは異なる関係をもちつづけ、また二〇世紀に入っても独自の動きを示したからである。もっとも、一九世紀後半、中国の側にかぎってみたばあい、相対的なそのプレゼンスは必ずしも大きくはない。また本書は執筆者の能力の制約から、若干の言及にとどめざるをえなかった。ここでひとまず「西欧列強」とひとくくりにしたゆえんである。その長期的な概観には、吉田金一の業績がいまなお有用である〔吉田 一九七四〕。

第Ⅰ部

「夷務」の時代

第一章　清代の通商秩序と互市
──清初から両次アヘン戦争へ──

廖　敏　淑

はじめに

「互市」ということばは、中国の古代から現在にいたるまで、通商・貿易の同義語として存在している。にもかかわらず、現在の中国人、とりわけ研究者が意識するところの少ない術語である。

その背景には、「朝貢体制」という枠組みの影響力が大きいと考えられる。フェアバンクをはじめとするアメリカの研究者たちが、中国在来の対外関係・対外貿易をとらえるために、いちはやく明清時代の朝貢に着眼して、この枠組みを措定したからである。

日本の中国史学界においては、一九八〇年代に「朝貢貿易システム」がとなえられて、標準的な枠組みとなった。これは西洋諸国の通商活動をアジア交易圏への参入だと解釈して、「朝貢体制」に含まれる「西洋の衝撃」概念を批判したものである〔濱下　一九九〇・濱下　一九九七〕。しかしながら、明清以来の中国固有の外政・通商制度を「朝貢」とみなすことにおいて、「朝貢体制」と何ら変わるところはない。本章ではしたがって、とくに必要のないかぎり、両者をまとめて「朝貢システム」論と呼ぼう。言い換えれば、学界を通じて、朝貢は意識しても、時を同じくして厳存したはずの互市には、ほとんど注意を払ってこなかったのである。

しかし現在の研究水準では、「朝貢体制」「朝貢貿易システム」の概念枠組みの有効性が疑わしくなり〔岩井 二〇〇四a・岩井 二〇〇六・岡本 二〇〇七a、八七頁〕、あらためて清朝の対外関係・対外貿易を考察する必要が出てきている。そこで本章は、互市という術語を実際に用いていた清朝の立場と視点に立って、清代中国の通商制度の実像に迫りたい。

まず清朝の当局が互市という術語で表現した通商制度がいかなるものであったか、その具体像を通観する。ついでそこから得られる互市の特徴をまとめつつ、互市の実態と「朝貢システム」論との矛盾を指摘して、その枠組みの有効性に検討を加える。最後に、西洋との戦争にまでいたった清末当時の内外情勢の変遷、および清朝と外国との観点の矛盾を検討して、それらと互市との関係を考察する。

一 互市からみる清朝の通商制度

『皇朝文献通考』は、清初から乾隆五十年にかけての様々な制度をまとめた書物である。その編纂者は、互市の種類をその施行場所によって分類していた。「市の海船あり、関市あり、在館交易あるは、みな以て商旅を通じて遠人を柔《なつ》く」〔『皇朝文献通考』巻三三、市糴考二、市舶互市の条〕とあって、清代の人々の眼からみれば、互市は大別して、海路の船舶貿易、陸路の「関市」貿易、および清朝にやってきた使節団が滞在する館舎での「在館交易」の三種があったわけである。

1　「関市」

まず行論の便宜のため、陸路の「関市」貿易をとりあげる。これは版図の拡張、制度の整備や対外関係などの変化によって、幾多の変遷を経ていたと考えられ、とてもすべてをあげることはできない。時代を逐っておおまかなところを見ていこう。

（1）入関以前

ヌルハチの時代、撫順・清河・寛奠・靉陽の四つの関口において、明朝と交易していた。彼は、通商・交易は国家経費の源であり、商民に交易させてよいが、徴税をのがれる者は罰すと命じており（『皇朝文献通考』巻二六、征権考一、征商、関市の条）、通商貿易から徴税して、国家の財源を賄うという態度が見てとれる。

ヌルハチを継いだホンタイジは、朝鮮に出兵して勝利をおさめ、一六二七年、朝鮮と「兄弟之国」となった。このときの「平壌之盟」で、朝鮮が会寧・慶源および中江で市場を開き、そこで互市を行うことが定められた（張一九七八、七頁）。

こうした互市は、朝鮮が敗戦で強要された条件だったこともあって、円滑に実施されず、しばしば停止されていた。このように朝鮮が互市の約束を守らなかったことは、一六三六年、清朝の皇帝に即位したホンタイジが、ふたたび朝鮮出兵にふみきる「大義名分」のひとつとなった。

この出兵の結果、朝鮮は清朝の属国となり、国境での互市があらためて定められた。義州（中江）の互市は、鳳凰城の官兵が毎年旧暦二月と八月の二回、赴いて従事し、会寧は寧古塔《ニングタ》の人々が年一回、慶源は庫爾喀《クルカ》の人々が二年に一回行うものであった。交易期間は二十日である〔『康熙会典』巻七三、礼部三四、主客清吏司、外国貿易の条〕。清朝がこの時期、朝鮮に義州・会寧・慶源での互市を強要したのは、国境に駐在させた軍隊への補給が滞らないようにするため、近隣の朝鮮から物資を調達する必要があったと考えられる。

のちに会寧と慶源は、官・民ともに貿易を行う市場に発展したのに対し、義州周辺は民家が少なかったため、清朝の官兵と朝鮮の官庁の間での官貿易を中心とする互市にとどまっていた〔寺内 一九八六〕。

またこの時期には、明朝との間でも互市を行っていた形跡があるが、くわしいことはわからない。交易の場所は張家口であった〔『清史稿』本紀三、太宗二〕。

(2) 入関から清末まで

清朝の入関から一八六〇年の北京条約におよぶ時期の数多い事例のうち、もっとも典型的な陸路の互市として、ロシアとベトナムをとりあげよう。

ロシアと清朝は客観的にみると、ほぼ対等の「与国」関係であった[1]。両国は一六八九年にネルチンスク条約、一七二七年にキャフタ条約をむすび、これらの条約にもとづいて、ロシア商人との互市を行っていた。キャフタ条約以前の交易場所は国境附近におかれ、ロシア側ではネルチンスク、清朝側では庫倫《クーロン》（現ウラーンバートル）などにあった。

キャフタ条約が結ばれてからは、庫倫の管轄下にある「卡倫」（国境での防塞）のキャフタに互市場が移設された。以後、キャフタはもっとも重要な清露の貿易場となり、双方の商人が「恰克図《キャフタ》互市章程」などの規定にしたがい、交易を行った。清朝は互市場に理藩院の司官を派遣し、交易を監視させ、通商の秩序を維持させた。交易にあたっては「八行」を立て、そのうち人柄がよくかつ裕福な商人を「行首」に選出する。「行首」は諸商人と交渉して貨物の価格を決めるようにしている〔『朔方備乗』巻三七〕。ロシアとの互市では、この「八行」が後述する海路貿易の「行商」のような役割を果たしていたのである。

次に、ベトナムとの互市に移ろう。ベトナムと清朝との宗属関係は、一六六六年、清朝が後期黎朝を安南国王に冊封してから、正式に成立した〔『清史稿』列伝三一四、属国二〕。

古来、中国とベトナムの間には、陸路国境での交易が絶えずに存在していた。長い歴史を持つその貿易は、一定の交易規則にしたがって行われてきたもので〔周 一九九二・趙 一九九三〕、清代にもそれが続いていた。ここでは、その特徴をみるために、乾隆時代に発生したベトナム互市の停止と再開の事例をとりあげる。

清朝はベトナムとの国境、広西の平而・水口両関を開放して、中国商民に自由にベトナムと交易することを許可していた。一七三八年、ベトナムで内乱が発生し、数年たってもおさまらないため、一七四三年、署両広総督策楞は乾隆帝の許可を得て、平而・水口両関を閉鎖し、一時的に中国商人のベトナム貿易を禁止した。翌年、両広総督馬爾泰・署理広西巡撫託庸・提督豆斌が、平而・水口両関の再開とその管理方法、くわえて新たに由村隘を開放することを上奏した〔『皇朝文献通考』巻二九六、四裔考四、安南の条〕。また両広総督馬爾泰らが提案した、由村隘における互市の管理方法も、まもなく許可された。

その方法とは、以下のとおりである。官庁が商人のなかから「老成殷実」の数人を「客長」として選抜すること、「客長」が隘を出てベトナムへ貿易に赴く商人の姓名、本籍、貨物および行先などを記載した上で官庁に報告すること、官庁はその報告を受けてから、印票を商人に発行し、そしてかかる費用を公表すること、由村隘を管理する理土同知が商人の印票を検査してから、腰牌を商人に与えること、印票・腰牌を持つ商人しか、ベトナムの互市場に入れないこと、ベトナムの官吏は、指定の交易場所の外で密輸する華人商人を取り締まることができること、などである〔『高宗実録』巻二二六、乾隆九年十月丙午の条〕。

一七七一年、ベトナムの黎朝が広南の阮氏を攻撃しはじめた。その内乱で清朝とベトナムとの互市が停止した。一七七五年、乾隆帝は両広総督李侍堯に、ベトナム国王にあて文書を出し、中国側の互市場での通商再開を打診するよう命じた。ところがベトナムは内乱のため、清朝の提案を拒否すると、清朝はその回答を受け、通商の道を閉鎖した〔『高宗実録』巻九八五、乾隆四十年六月甲辰の条・同巻九八九、乾隆四十年八月乙巳の条・同巻九九七、乾隆四十年十一月乙未の条〕。のち内乱に勝利した阮光平は、清朝の冊封を受けてから、清朝に互市再開を要請した。一七九一年にあらためて通商章程が作成された〔孫 二〇〇六、一六七〜一七一頁〕が、その内容は実質的に、それまで両国の間で実施されていたものと同じである。

以上からわかるのは、清朝と属国の間でも章程にもとづいて互市場を開設し、交易を行うようにしていたことである。そして、互市の停止や再開は、おおむねベトナムの意向によっており、清朝はいずれもそれを受け入れていた。その窓口は両広総督や広西巡撫などの地方大官であり、その管轄のもとで、商人が互市章程の規定にのっとって貿易に従事していたのである。

2 「海舶」

一六八四年、康熙帝は海禁を解除し、海関を設立して「海舶」貿易を管理させた。それ以降、北京協定の発効に伴う外国人税務司制度の実施にいたる時期の「海舶」貿易では、海禁時期とは異なって、内外の商船が海関の管理ルールにしたがって、貿易に従事することができた。そしてその間、通商事情によって、若干の変動や調整はあったものの、制度構造の全面的な変化は見られない。

海禁の解除以前にも、国防と重大に関わらないところ、たとえば山東沿海地方では、一六八〇年に海上の貿易が許可されていた。東南沿海の「海船」貿易解禁は、山東の「成例」に準拠したものともいえる（『廈門志』巻七、関賦略、海関の条）。

海禁撤廃にともない、康熙帝は「関差の例にならって、部院の賢能な司官を派遣し、その司官に貿易に関する則例を定めさせる」よう命じた（『聖祖実録』巻一一五、康熙二十三年六月己亥の条）。「関差」とは内地の税関を管理するポストであり、この命令が海関設置の発端である。こうして設置された江・浙・閩・粤の四海関が「海船」貿易に対する徴税・管理を行う主要な機構になった。

海関の課税については、中国から海外に赴く商船も、外国から来航する商船も共通である。その種類として、大別すると「船鈔」、貨物税、「規礼」の三つがあった。ただし品目によっては例外もある。人口が多い中国は糧食の需要が高いため、つとに輸入に頼っていた。そこでシャムからの米輸入を促進するため、一七二八年に輸入米に課税しないと決定し、さらに、米を運ぶ船舶に対し、他の積載貨物に関税軽減の優遇を与えた（『皇朝文献通考』巻三三、市糴考二、市舶互市の条）。

管理の手続きは、おおよそ以下のように整理できる。まず華商・商船に対する規定は、次のとおりである。山東、江南、浙江、福建、広東の人々は出海するにあたって、地方官に申請する。地方官庁は申請者の姓名を登記し、彼らに保証書を提出させたうえで、出海証明書を発行する。そこには、乗組員の年齢・顔だち・本籍、船舶の長さ、行先、出港期間、搭載貨物の品目・商人の名称および所持資金などが記載される。さらに、新しく船舶を作るにさいしては、必ず官庁に報告しなければならず、船舶の大きさ、設備や乗組員の定員数にも、さまざまな規定があった。

マカオに在住するポルトガル人やその商船に対する規定も、華商・商船とほぼ同様である〔『光緒会典事例』巻六二九、兵部、緑営処分例、海禁一の条・同巻六三〇、海禁二の条〕。彼らは広東に来航するほかの外国商人とはちがい、洋行商人を介さず、香山県の「県牙」と互市をしていた〔梁 一九九九、五九、六九頁〕。清朝は、長年にわたりマカオで定住するポルトガル人を外来者とはみなさなかったようである。清朝は彼らの自治を認めながら、通商貿易においては、華人に準拠して管理していた。

つぎに外国商人・商船の管理については、広東の粤海関の制度を例としてあげよう。外国商船がやってくると、中国の水先案内人がその商船の到着を地方官に報告する。その後、外国商船は地方官から入港許可書をもらい、官兵の検査をうけてから港に入り、虎門で船舶本体に課される「船鈔」という税金を支払い、海関監督の許可を得てから、黄埔に入る。停泊した外国商船の乗組員は十三行の夷館（ファクトリー）に泊り、洋行商人を通じて貨物を売買するようになっている〔梁 一九九九、六八ページ〕。

そのほかに注目すべきは、遭難船舶の対処である。漂着民や遭難船に対し、中国歴代王朝と同じく清朝も撫恤《ぶじゅつ》の態度をとっていた。海難救助は人命の問題なので、「仁道立国」を標榜する「中国」にとっては、体制に関わるものである。そこで、人民を撫恤する例にしたがって、清朝は沿岸の地方官に「公費」を利用して、内外すべての漂着民を救済するよう命じた〔劉 二〇〇二、一七九頁〕。清朝が救助した遭難船には、琉球など属国の船もあれば、単に互市をしている日本などの船もあって、すべての遭難船・漂着民に適用されるものであった〔廖 二〇〇六、六七～七〇頁〕。東アジア最大の清朝が完備した海難救助制度を持ち、かつ広範な外交・通商の関係を有していたため、それを利用すれば、直接通交のない国の間でも中国を介して、互いに漂着民を送還することができた。そうした意味で、中国は一種の漂着民中継センターとして機能していたのである〔渡辺 二〇〇六、一一二頁〕。

3「在館交易」

清朝の「在館交易」とは、外国の使節団が中国にやってきた際、北京や国境地方の館舎で行う交易をいう。清朝と通交のあった外国との関係は、一義的にくくることはできない。清朝の正式な冊封をうけた属国もあれば、臣属の礼はとりながら、そこまでいかない国や集団も少なくなかった。しかも「与国」のロシアも存在していた。「在館交易」は、そうした多様な国々すべての使節団が従事したのであって、つまり国家の種別・序列にかかわらず、清朝と通交関係を持って、使節団を派遣すれば、行うことができたものである。

朝貢国を例にとって、その手続きをみよう。各国の「貢使」が中国に入るにあたり、その船舶や車に載せてきた貨物を、中国内地の商民と交易することが許可されており、国境の商鋪に売ってもよいし、北京の館舎に持ちこんでもよい〔『乾隆会典』巻五六、礼部、主客清吏司、賓礼、朝貢、市易の条〕。

北京の主な使節館舎は、会同館である。朝貢・賞賜の儀礼が終わると、会同館で開市が許される。通例は三日ないし五日の期間だが、朝鮮・琉球はその限りではなかった。戸部の買い上げがすんだあとに、貨物をたずさえた各「鋪行」の商人が会同館に入って交易を行い、礼部が官吏を派遣して、その監視にあたらせた〔『康熙会典』巻七二・七三、礼部三三・三四、主客清吏司〕。

使節団の旅程において内地の税関を経由しても、そこでの課税は免除される規定であった。のみならず、国境もしくは北京の館舎で交易するときにも、その貨物税は免除されたのである〔『乾隆会典』巻五六、礼部、主客清吏司、賓礼、朝貢、市易の条〕。

ここから、「在館交易」とこれまでみてきた互市との異同をうかがうことができる。互市では陸路であろうと海路であろうと、定められた互市場で、官庁の監督下で交易を行い、税が課せられる。これに対し「在館交易」は、使節団が中国に入る地点が決まっているから、そこでの交易はほかの互市と大差ないけれども、北京の会同館でも交易ができた点が異なっている。さらに「在館交易」では原則として、貨物はすべて免税された。これは使節団を派遣してきたことに対し、その負担を軽減するため、清朝側があたえた特別な優遇措置であって、やはりほかの互市と異なる点である。

4　互市の特徴

以上のように通観したところを、補足も交えながらごく簡単にまとめる〔廖 二〇〇六、二三二～二三五頁〕と、清朝の互市の特徴として、以下の点があげられよう。

第一に、互市の目的である。『皇朝文献通考』にいう「遠人を懐柔する」のは、入関前の時期を除いてあてはまるもので、中国との通商を求める外国人の要望にこたえたわけである。清朝の側も互市によって、外国との紛争・戦争を未然にふせいで軍費を節約でき、しかも利益・税収を得られるから、治安面でも財政面でも有効であった。

第二は、それぞれの互市場の性格である。「関市」「海舶」「在館交易」いずれをみても、その互市の場は、貿易の相手や内容がそれぞれ特化一定している。

「関市」すなわち陸路の互市は、ほとんどが盟約・条約によって定まったものである。陸路の国境は国防に関わっているために、互市の場所やルールについても、明文で規定されなくてはならなかった。ロシアとのキャフタ互市、朝鮮との中江互市などがそうした例である。

これに対し、「海船」の互市の場は、古来の海上貿易ルートによって、自然にできたものが多いと考えられるが、それでも各々が特化一定していることは変わりない。東南の四海関も、それぞれ対応する船舶は異なっていた。粤海関は、西洋・東南アジア諸国との貿易を中心としていた。閩海関の扱う貿易も当初、粤海関とほぼ同じ内訳であったが、乾隆なかば以降、西洋・東南アジア諸国の商船が粤海関に集中してきたので、琉球との「貢船貿易」を除いて、中国商人の出海貿易および沿岸交易が主要なものとなった。浙海関は中国商人の出海貿易・沿岸交易のほか、日本との長崎貿易を扱っていた。江海関もほぼ浙海関と同様である。

このような傾向があらわれるのは、地理的要素のほか、各港にそれぞれ異なる外国商人に対応する機構、すなわち牙行・行商や通事などが存在したからである。西洋貿易が広州に集中することになったのも、粤海関で外洋行商人が成長してきたからである。一八四二年の南京条約以降、周知のように、上海が中国最大の貿易港となるが、その背景には産地・交通など地理的な条件があったものの、もともと広州に存在した西洋商人に対応する牙行や通事などの機構が、上海へ移ったことも重要だと考えられる〔岡本 一九九九〕。

「在館交易」についても、使節団の中国に入る地点や北京への旅程ルートおよび宿舎は、あらかじめ「貢道」として決まっているから、そこで行われる「交易」の機構や方法も、ほかの互市と同じように、特化一定していた。

第三に、互市の位置づけである。互市は貿易相手との通交関係の上下・有無にかかわりなく、存在しえた通商制度であった。たとえば、清朝とロシアの間では、対等的な「与国」として互市が行われている。これに対し、朝鮮やベトナムは属国であっても、やはり互市が行われていた。また日清修好条規が締結されるまで、日本との間には政治・外交的な関係は一切なかったにもかかわらず、貿易は継続して行われたため、清朝は日本を「互市国」と位置づけている(2)。

二　通商制度と「朝貢システム」論

以上のように互市の特徴をみてくると、「朝貢システム」論には、再考すべき点が少なくないことが判明する。まず「朝貢システム」論の所説をごく簡単にまとめておこう。朝貢というのは、周辺国が中国に貢物をたずさえてやってくる行為であるが、これには必ず中国皇帝からの下賜がある。そこで、この貢献・下賜を物々交換とみなして、貿易の一種だと措定する。また多くの場合、朝貢使節には商人が随行し附載貨物をもたらして交易を行ってもいたので、その交易をもふくめて、「朝貢貿易」と総称して、中国の伝統的な通商制度だとするのである。

また「実際は貢使は中国へ来なくて、貿易商人団が入国地点で貿易をするだけであるが、考え方としては貢使が北京へ行っているというフィクションのもとに貿易が行なわれた」〔坂野 一九七三、八〇頁〕ケースもある。南京条約以前、カントン（広州）一港に制限された西洋貿易のありかたがその代表例で、これを「カントン・システム」と呼ぶ。こうした体制を打破したのが、アヘン戦争ののち、列強と結んだ条約であって、それ以降、中国の外交・通商制度はいわゆる「条約体制」の時代に入る、というわけである。

こうした所説に対し、まず指摘しなくてはならないのが、清代中国の通商は、朝貢と海路ばかりではなく、長大な陸路の国境にそったもの、本章で述べた「関市」もあることである。それにもかかわらず、「朝貢システム」論の重点は海路の貿易にあって、清露関係を例外と見なし、陸路の貿易をほとんど考察の対象とはしてこなかった。これでは、中国の通商制度全体を包括する理論だとはいえないであろう。

1 「朝貢貿易」と「在館交易」

「朝貢貿易」のうち、貢献・下賜を一種のバーター貿易とみる考え方も、実態に即していない。貢献は皇帝に表敬するための土産物で、皇帝の私物であったし、また皇帝が下賜した物品は、基本的に使節や国王本人しか使用できず、市場に出回る商品ではありえない。

中国への朝貢で利益が得られるからこそ、朝貢をやめなかったという考え方もあるが、朝貢国は必ずしも、中国皇帝の下賜で利益を得ていたわけではない。たとえば、朝鮮の朝貢は清代においては、朝鮮側の持ち出しであった〔全 一九九七〕。一方、下賜品はもとより、使節団の中国内の旅費・滞在費は、すべて中国の負担であった。貢献を下賜と等価に見なしても、貢献・下賜は中国にとって、まったく利益を得ることのできないものであった。貢献・下賜はあくまで政治的な行為であり、市場における経済的な交換行為ではなかった〔張 一九七八、六一頁〕のである。

また、本章が扱う「在館交易」の実態も、「朝貢貿易」と一致しない。「朝貢貿易」では、中国より下位にある属国、「朝貢国」が朝貢したことにこたえて、天朝たる中国が朝貢国に恩恵を与えて貿易を許可する、という通念を想定している。つまり「朝貢貿易」では、対等の二国の貿易はありえないことになる。たしかに明朝がとっていたような「貢舶貿易」の通商政策ならば、それも肯える。しかし清朝では、対等の条約にもとづき、「与国」のロシアから使節団がやってきて、「在館交易」を行っていたから、その「在館交易」は朝貢国に限らない。「朝貢貿易」の通念は、客観的には事実に即したものではないのである。

また、清朝の海路貿易の実態を「カントン・システム」で描くことができるかといえば、これも疑わしい。「カントン・システム」を構成するのは、主として、カントン一港への貿易制限といわゆる「公行」制度という二つの論点である〔坂野 一九七三、一二九～一三七頁〕。しかしこれらは歴史事実から見て、いずれも成り立たないのである。

2 海路貿易と「カントン・システム」

まずカントン一港への制限であるが、これは一七五七年の「洋船は……今後、広東でのみ停泊交易することを許す。二度と寧波に赴いてはならない。もし来たならば、必ず広東に引き返させ、浙江の海港に入ることはゆるさない」〔『高宗実録』巻五五〇、乾隆二十二年十一月戊戌の条〕という乾隆帝の諭旨を根拠とする。しかし、この諭旨はあらゆる外国の商船ではなく、主にイギリスのみを対象としていた。

その背景には、フリント（James Flint）事件がある。一七五五年から一七五九年にかけ、広東以外での貿易の可能性をさぐるため、イギリス東インド会社から派遣されたフリントは、浙江省の寧波、定海で貿易を試みた。ところが当時、外国商船がすでに数十年も来航していない浙江省では、それに対処できる機構・制度が不備であった〔廖 二〇〇六、六一～六二頁〕。乾隆帝は調査を命じる一方、定海での貿易許可も視野に入れていた〔『高宗実録』巻五四四、乾隆二十二年八月丁卯の条〕が、調査結果は広州の貿易利益、粤海関の税収、海防や徴税の利便性などの観点から、イギリス商船の浙江来航に否定的であった〔『高宗実録』巻五四九、乾隆二十二年十月戊子の条〕ため、上述のような諭旨が発せられたわけである。しかもフリントはこれに背いて、一七五九年、天津にまで来航したため、イギリスに対する規制はいっそう強化されることになった〔「乾隆二十四年暎咭唎通商案」〕。

それ以降、広州にしか来航できなくなったイギリスには、「カントン・システム」があてはまるかもしれないが、決して中国の海路貿易すべてには該当しない。外国の商船が一律に広州一港に制限されたわけではなかったからである。

呂宋（スペイン）の商船が廈門にやってくると、その貿易は許可されている。乾隆帝はその理由として、呂宋の商人が従来から廈門に来航しており、彼らを扱う「行」や交易の「例」があることをあげ、「旧行」があるのに、それを捨てて別の港で「新行」開設を求めたイギリスのようなことを企図すれば、許可できない、という諭旨を下した〔『高宗実録』巻五五三、乾隆二十二年十二月乙亥の条〕。この呂宋の商船はもとより〔『廈門志』巻五、船政略、番船の条〕、東南アジア諸国の商船も、依然として廈門・寧波・上海に入港している〔聶 一九八三、六二頁・Viraphol, 1977, pp. 61, 172, 葉 二〇〇四、三〇〇頁〕。

次に「カントン・システム」が描く「公行」制度とは、広州にはギルドを構成する特許商人の公行商人がおり、来航した外国商人の一切の活動は、すべて中国の対外貿易を独占する公行商人を通じて行わなければならなかった、というものである〔坂野 一九七三、一二九～一三七頁〕。

その実態をみると、広州の貿易において、西洋の商船・商人と取引をして徴税を行う機構は外洋行である。この外洋行は元来、中国の商業活動に通例の牙行の一種であって、何も外国・西洋に対してのみ特別に設けられたものではない。しかも外洋行ははじめから、また恒常的に「公行」という「特許」組織をつくって、「ギルド」として中国の対外貿易を「独占」したわけでもなかった〔岡本 一九九九、七九～一四四頁〕。したがって「公行」制度の所説も成立しないのである。

三　互市と条約

1　互市と「夷務」

以上のようにみてくると、互市という語であらわされる清朝の通商制度は、「朝貢システム」論が描いたものとは、実態がかなり異なっていることがわかる。それでは、にもかかわらず、なぜ「朝貢システム」論が生まれたのか。そのあたりにも考察を加えておかなくてはならない。

清初から乾隆時代にいたるまで、互市は「関市」「海船」「在館交易」の三種で行われ、その相手は「与国」のロシア、朝鮮などの属国、および外交的な関係のない日本などの「互市国」があった。互市を行うことでは共通していても、通交の形態はさまざまだった、換言すれば、いかなる関係にあろうとできたのが互市だったのである。

しかし最大の版図となり、極盛期を現出した乾隆なかば以降、対外情勢が安定してくると、通交・交易の実態とそれに対する清朝の主観認識との間に、隔たりが生じるようになった。そうした認識とそれにもとづく制度運営は、以後の対外関係の性格を規定する。

つまり清朝は、使節・商人を送ってくる諸外国を、みな自らより低い序列にある国家とみなし、彼らに天朝の恩恵として、交易を許可するという認識になったのである。これに着眼して理論化されたのが「朝貢システム」論である。

本章で論じてきたように、この認識は客観的にみた制度の実態とは違っているが、清朝の主観的な政策方針や対外的な態度がもとづいていたものであって、「朝貢システム」論はそうした点に趣旨を限定したならば、間然するところはない。

たとえば、清朝が海関を設立した元来のねらいは、内外の民間商人に貿易させることにあったので、朝貢とはひとまず関係のない、単なる商船貿易に応じた制度のしくみになっていた〔岡本 一九九九、六〇〜七五頁〕。したがって、イギリスに対するいわゆる「カントン・システム」として、前述したように、「貢使が北京へ行っているというフィクションのもとに貿易が行われ」たという議論は、通商制度の実態に即してみるなら誤りである。けれども、清朝が主観的にそうみた、との意味であれば、決して誤ったものではない。

そうした清朝の「フィクション」的な認識から、互市はしだいに、朝貢すべき「夷人」が行うもの、「夷人」を羈縻《きび》する手段、すなわち「夷務」として位置づけられるようになった。こうした事情は決してイギリスにかぎらない。「与国」のロシアにも、同様にあてはまることである。

乾隆時代以降、カントンでしか交易できないと制限され、マカートニー使節団も朝貢使扱いされたイギリスは、こうした清朝の態度・方針を、貿易に対する不当な規制だとみなして、中国の通商制度そのものを変更しようと試みはじめた。その背景には、産業革命の進展と世界市場の形成にともなって高まってきた、中国市場開放の需要がある。しかも技術革新をはたしたイギリスの軍事力は、一九世紀の三〇年代頃には、清朝をはるかにしのぐようになっていた。実力にうったえてでも、清朝との関係を変えようとする動きが顕著となり、ついにアヘン戦争をひきおこしたのである。

2　「夷務」と条約

中国市場の開放というイギリスのねらいは、戦争にうったえたにもかかわらず、成就しなかった。そもそも、イギリスが戦勝に乗じて清朝に強要した南京条約と通商章程は、その規定を見ればわかるように、それまで粤海関で行われていた制度にもとづく条項が少なくない。さらに現実の貿易の取引慣行も、ほとんど変わるところがなかったから、互市という中国の通商制度は、南京条約によって大きな変化をきたしてはいないといえよう〔廖 二〇〇六、一六〇～一七四頁〕。

互市に大きな変化がない以上、それを「夷務」とみなす清朝の認識・態度にも、変化がおこるはずがない。条約もやはり外夷操縦の手段であり、「夷務」であった。そうした事態に不満をつのらせたイギリスは、ふたたび戦争にふみきる。第二次アヘン戦争である。その結果、天津条約の締結を余儀なくされ、くわえて英仏連合軍の北京侵攻をゆるして、北京協定を強要された。

しかしこの戦争と条約を経ても、通商制度・取引慣行に関するかぎり、以前の互市を踏襲する部分は多かった。条約によって、外国事務を「夷務」と呼ぶことを禁じられた清朝は、これを「洋務」と言い換えはじめるものの、通商制度と同じく、その主観的認識も、にわかに変わることはなかった。

第二次アヘン戦争で変化があったのは、むしろ清朝の外政機構とその運営である。天津条約は、清朝が当時もっとも嫌っていた外国公使の北京常駐権、長江での通商や内地旅行の許可などを定めていた。清朝が一八六一年、主に欧米諸国との外交・通商事務を処理する窓口として、総理各国事務衙門（以下、総理衙門と略す）を北京に設立したのは、こうした事態に対処するためであった。

周知のとおり総理衙門は、専任の組織ではなく、あくまで臨時的な存在である。そうした性格からみても、決して近代的な外政機構だとはいえない。しかし日常的に外国の使臣と接触し、外国との交渉に関する情報を獲得、総括し、各当局に転送し、さらに各当局から意見や処理方法をとりまとめる役割は果たしていた。そのなかで、列強に第二次アヘン戦争で強要された条約内容に不利益を感じ、その挽回を企図するようになった。以後、総理衙門は一八六〇年代、数々の条約交渉にたずさわり、条約の文字を入れ替えて、少しでも不利益を挽回しようと試みたのである〔坂野 一九七三、二七九〜二八六頁〕。

こうした動きのなかで、明治維新まもない日本が、条約の締結を通じて清朝と外交・通商の関係をとりむすぶことを求めてきた。一八七〇年から七一年にかけての日清修好条規締結交渉である。清朝側の交渉のイニシアチブはすでに、総理衙門から北洋大臣の李鴻章に移っていたが、その方向性は変わらない。清朝当局がこの機会をとらえて、自らの作成にかかる草案をほとんどそのまま通したので、締結された日清修好条規は、当時の清朝の利害関心をよくあらわすものとなっている。

その内容は相互・対等的な双務主義に貫かれており、司法裁判権については、属人法的観念を採用し、各自の人民に対する裁判は、それぞれの領事、理事官が審理することを規定する。対等的な双務主義と属人法的な裁判権の設定には、旧来の互市の発想と慣行が作用している〔廖 二〇〇六、二一五〜二一九頁〕。以前の条約での不利益を挽回して、旧来の互市にもとづこうとしたのが日清修好条規であって、それはアヘン戦争以後も継続した互市、「夷務」の集大成であったともいえよう。

おわりに

本章で論じたことをあらためてまとめておこう。互市という概念に着眼して清朝の通商制度を通観すると、「関市」「海舶」「在館交易」の交易形態に大別できる。それぞれの互市場は貿易相手・管理方法にちがいがあったけれども、互市章程に準拠して交易ができる点で共通しており、それは清朝との政府間の通交関係の有無や上下の序列とは関わらないものであった。

そうした事実からすれば、清朝が互市を朝貢の外縁に位置づけて、朝貢の擬制として恩恵的に許しつつ、不当な制限を貿易に加えていた、とみる「朝貢システム」論は成り立たない[3]。しかしながら、乾隆なかば以降、対外関係の安定にともなって、諸外国を「外夷」視するようになり、清朝側の主観として、その外国が行う互市に関わる事務を「夷務」とみなすようになった。そうした認識と態度を、外国側の眼から貿易の局面にまで及ぼして理論化したものが「朝貢システム」論なのであって、それがあてはまるとすれば、互市の通商制度にではなく、一九世紀以降の互市に対する清朝の主観に、であるといったほうがよい。

アヘン戦争をおこし勝利したイギリスは、しかし通商制度の改変というそのねらいを果たすことはできなかった。自由貿易をかちとったはずの条約は、旧来の互市での規定や慣行にもとづくものが多かったからである。それにあきたらない列強はさらに、第二次アヘン戦争で天津条約・北京協定を強要したが、やはりそれで通商制度が急激に変わることはなかった〔廖 二〇〇六、一四五〜二〇二頁〕。

変化があったのは、清朝の外政機構である。新たに設置された総理衙門は、列強に強要された条約条項の挽回をはかって、積極的な外交にのりだす。その集大成が一八七一年の日清修好条規であり、それは内容からすれば、依然として互市、「夷務」の範囲にあるものであった。

しかし欧米列強はもとより日本も、締結した条約を旧来の互市とも「夷務」ともみなさなかった。条約とはあくまで西洋近代的なルールであって、それにもとづいて外交も通商も行われなくてはならなかったし、実際そうした認識で行動した。そして富国強兵と西洋化をめざす日本が、そうした動きの、いわば急先鋒となった。日清修好条規が締結されて以後、日清の関係は安定するどころか、逆に対立の様相を深めてくる。そのなかで、清朝も西洋の諸制度に対する本格的な関心を有し、「夷務」の単なる言い換えを超えた「洋務」にとりくむようになるのである。

（1）　ロシアと清朝の関係について、後者がとりわけ漢文文書のなかで、前者を朝貢国とみなし下位におこうとしていたことはよく知られている〔吉田　一九七四〕。しかし現実としては、ロシアが対等に近い「与国」だという認識も、清朝側には厳存していた〔『高宗実録』巻五四八、乾隆二十二年十月辛酉の条・『簷曝雑記』巻一、俄羅斯の条、二〇頁〕。

（2）　『嘉慶会典』礼部主客清吏司の条に、「朝貢国」のほかに、「互市諸国」が出てくるのは有名であるが、これを礼部「管轄」とする向きがある〔坂野　一九七三、八七～八八頁〕。しかしその原文は「余の国は則ち互市を通ず」となっており、朝貢国以外に、朝貢していない国も存在することを認識し、それらの国は単なる「互市」をしているだけだ、という意味でしかない。それなら、「封」「貢」などの儀礼を担当する礼部が、こうした「互市諸国」を「管轄」することはできないと考えられる。

（3）　近年、この「朝貢システム」論に代えて、「互市システム」「互市体制」という枠組みが提起されている〔上田　二〇〇五・岩井　二〇〇六・岩井　二〇〇七、三八二頁〕。清朝当局が自らの通商制度を互市とまとめたのは事実であるが、それは明朝の互市と異なっているし、宋・元時代の互市とも同じではない。さらに清朝のなかでも互市の変遷が見られるので、現在はなお詳細な史実を一つ一つ究明したうえで、枠組みを議論しなければならないと考える。「朝貢体制」「朝貢貿易システム」のアンチテーゼとして、安易に「互市体制」「互市システム」を使用すれば、かつて「朝貢システム」論が起こしたような混乱に、ふたたび陥る恐れがあろう〔岡本　二〇〇七a、八九～九一頁〕。

第二章　日清関係の転換と日清修好条規

森田吉彦

はじめに

一八七一年に締結された日清修好条規（以下、大日本国大清国修好条規並通商章程各海関税則をまとめてこう略称し、別々に論じる際には修好条規、通商章程などと称する）は、当時の清朝にとって、可能な最善の国家間の取り決めであった。清朝は、交渉の過程で日本を圧倒し、ほとんど自分たちが望んだままを一方的に受け入れさせたのである。では、彼らがそうして実現せんとしたものは何だったのか。またそもそもなぜ、そのような結果が得られることになったのか。焦点を絞るため、後者の問いにあらかじめ答えを提示しておくなら、それは、当時まだ近代日中関係は始まるか始まらないかの段階であり、国家戦略の根本のレベルでなおあらゆる可能性が考えられえたことである〔森田 二〇〇一・森田 二〇〇四〕。中でも清朝が注目したのは、当時、日本側に積極的な友好姿勢が存在したことであった。維新直後に日本が対清交渉に駆りたてられた直接的な契機は日清提携の希望であり、清朝側がこれに応じた最大の要因はこの機を逃さず有利な情況をつくろうとする狙いからであった。このことは、従来の多くの説が看過してきた点である。

それゆえ本章ではまず、日本側の動きを中心に日清交渉が実現した経緯について論じる。次に、結果として成立した日清修好条規の条文を清朝の狙いを軸に分析し、数少ない修正の意義に注目しよう。日清交渉のために尽くしたのは日本側である一方、日清修好条規の内容は基本的に清朝側の起草した通りであるから、このように焦点を絞ることには意味がある。すでにいくつもの先行研究があるが、ここでは日清間の擦れ違いと国際政治の文脈を加味した検討を行うことで、これまでに指摘されていない問題を浮き彫りにすることに努めたい(1)。そして最後に、その後の日清関係の展望を簡単に記すこととする。

一　日清交渉の経緯

1　「出貿易」

最初に断わっておけば、この時期の日本の対外政策、とりわけそこで何が企図されていたのかを論ずるのは、あまり容易なことではない。なぜなら、幕府から維新政府への外交文書の継受の問題、更に一八七三年の外務省の罹災で文書が失われたこと、そもそも機密保持のため政府中枢の意思決定は文書ではなく口頭で処理されたものが多かったなどの理由から、利用可能な史料が特に少ないからである〔「使清締約始末」摘録・伊藤 一九九四、一〇八頁〕。後年、西洋列強との関係については条約改正関係を中心に史料の再収集と整理が精力的に図られたが、それも清朝との関係まではほとんど及ばなかった。よって以下の行論も、相対的に断片的なものの繋ぎ合わせとならざるをえない。

近代日中関係の発端となったのは、一八六二年の千歳丸、一八六四年の健順丸と続いた、幕府官船の上海渡航であった。それまで、清朝にとって日本は「互市の国」であったが、それは華商が日本へ行くという形においてであり、その逆、日本商人が中国に行くことは考えられていなかった。それゆえ、従来の両国関係を転回させたこの挙により、長らく途絶していた両政府間の公式の対話への道が、拓けることになったのであった。当時の日本では、従来行われてきた、長崎に来航する華人商人との通商が「居貿易」と呼ばれたのに対して、日本商人が外国の港へ出かけて通商する試みは「出貿易」と呼ばれた。

ただし、この派遣計画は、そもそも開港にともなう物価混乱などの問題を緩和する望みを託され、政府の側から推し進めようとしたものであり、民間資本の機が熟した結果ではなく、必ずしも積極的な対外進出を現実に追求するものではなかった〔本庄 一九五八・春名 一九八七〕。幕府内部で、貿易先やその方法など、なかなか決定をみないまま三、四年が経過し、最終的に、長崎会所出入りの商人たちに上海渡航が求められることになった。しかし、長崎会所でも連日の話し合いにもかかわらず自ら名乗り出る者がなく、事実上押しつけられるような形で三人の商人が選ばれている〔松田屋 一九九七、四〇〜四一頁〕。幕府の一部は「出貿易」に期待したが、現地の商人は乗り気ではなかったのである。

事実、上海での交易に疎かった日本は、結局のところ積荷をオランダ領事のテオドルス・クルース（Theodorus Kroes）に売り捌《さば》いてもらわなければならず、長崎来航経験のある華商に販売の一部を依頼したときでさえクルースに仲介料を支払わなければならなかった。そのほか千歳丸や船員の手配にかかる費用、倉庫代、関税の支払いなどもあり、更には商品の販売価格が仕入れ値を下回ることもあったから、全体として収支の帳尻は到底合うものではなかった〔川島 一九二二〕。商人たちには帰国後、その労をねぎらう名目で褒美や手当が支払われている〔松田

屋 一九九七、八〇～八一頁〕。試みに行ったものにせよ、とてもではないがそれで利益を得るという態勢ではなかったのであった。このとき日本側は一応、西洋の仲介なしに交易する手立てはないか上海道台に尋ねはしたものの、最終的な回答を待たずに引き上げてもいる。彼らにとって条約交渉の実現は現実的課題ではなかった、といえよう。続いて、健順丸が「出貿易」を試みたときも、現状の不利な交易に甘んじて、何らかの新しい取り決めを求めることさえしていない〔森田 二〇〇四、三一～三二頁〕。

2 貿易管理

二度の「出貿易」の試みが、通商利益という意味では成功とは到底呼べない結果に終わった後、幕府はこうした積極的な政策から後退することになる。この後、彼らが欲したのはより消極的な対応、すなわち貿易管理であった。国内での政治的対抗関係を考えれば、その方がずっと重要度が高かったのである。長州藩などがいち早く動き出したように、雄藩や志士による船舶や火器の売買は、幕府の統治に対する差し迫った脅威を意味した。密貿易や密航を如何にして取り締まるか、日本にとっての課題は一方ではそこに絞られたが、華商の統制という問題も徐々に浮上してきた。唐館内で厳しく管理される従来からの華商については諸処置が定まっていたが、西洋列強の買辦などの名目で各港にやって来た場合の取り扱い方は未決だったからである。もちろんそれは日本が一方的に決められることではなく、西洋列強や清朝の意向を確かめた上でのものでなければならなかった。

一八六五年、外国奉行は上海に官員を派遣して、現地の実態を調査させた。直接的には、長州藩による密貿易に関する事実関係を取り調べるのが目的であったが、一般的な事情聴取も行われた。その成果が、「支那与御条約御取結方手続承り糾候始末覚書」である〔『杉浦譲全集』一九六～一九七頁〕。これまでの研究では、右記のような全体の展開を踏まえずに「御条約」の語を過大に評価してきたきらいがあるが、この文書は、国家間の基本条約を求めるものではない。また、調査内容にしても、独自にいろいろと手を尽して調べたというよりは、クルースから案内を得、見解を尋ねたに留まっている。

支那人商法之義外各国江差響、且御不取締之廉も御座候ニ付而者、何れにも同国与御条約御取結相成可然哉之御目論見も御座候間、今般御用序を以右手続取調可申上旨云々御内諭之趣も御座候ニ付、荷蘭コンシュル江も右之義何与なく承り合せ候処……

冒頭で書かれている通り、この報告書が扱った課題は、貿易振興のために上海の事情を探ることではなく、未約国人である華商の日本での活躍が、条約国である西洋列強との間で紛議を招いたことを受けて、日本での商売を如何にすれば管理できるようになるのかにあった。だからといって彼らは、それゆえに西洋列強と同様の条約を清朝と結ぶことを模索したのではない。そもそもこの時点で、いまだ相互往来を基礎にすえた二国間の基本条約は東アジアには存在せず、彼らがそれを目指すいわれはなかったのである。

荷蘭コンシュル（オランダ領事）から、相手は日本を属国のように見なしている上に条約交渉を可能な限り拒もうとしているから、外交担当者間で条約を取り結ぶのは難しいと指摘された幕府官員らは、条約にはこだわらず、長崎奉行と上海道台との間で約書を交わすことを考えた。しかし、これに対する領事の見解も、捗々《はかばか》しいものではなかった。道台は私利私欲に走りがちで、たとえ約書が成っても代が替われば効力を失うし、長崎を訪れる多くの商人は各地の港から来ているから、上海道台との約束など、彼らには関係ないというのであった。結局、クルースは、「一種之条約」を結ぶため、清朝の情勢に乗じて軍艦を天津に差し向ける云々という可能性を示すものの、さしあたって非現実的な話であった。最終的に、取り締まりは乗り合わせた船の国籍を有するものと見なして行えばさして不都合はない、というのが彼らの結論となったのである。

この後幕府は、この報告書を踏まえた上で、更に日本人の密貿易や密航の取り締まりのために清朝との交渉を模索したとの風説もあるが〔『維新史料綱要』六冊、一三五頁〕、どれほど意味を持ったものか定かではない。当時の日清関係は手探り状態であり、簡単には話は進まなかった。しかし、上海に事実上の日本領事が派遣され、居留民の取り締まりにあたるのは日清国交交渉と前後する一八七〇年、日清修好条規で関連規程が定まる前年のことであり、それと並行して在日華商の自治組織への日本政府の監督も進められた〔岩壁 一九九三・許 一九九五、など〕。条約云々以前のこととして、日本政府がこの問題を如何に重視していたか窺えよう。いずれにせよ、日本から見れば清朝は依然大国であったから、両国を往来する人々の扱いはあくまで慎重に検討されなければならなかったのである。

このほか附言すれば、清朝との間で取り決めがなかったため、アヘンに対する取り締まりがきちんとできないという問題も生じていた。日本開港以後、早くも一八五六年には、アメリカ総領事タウンゼント・ハリス（Townsend Harris）の召抱えていた華人たちが下田のアヘンを薬用目的外で買占めるという事件が起きている〔ハリス 一九五四、一二三〜一二五頁〕。後、一八六八年、上海道台との書簡往復を踏まえ各国領事と話し合った長崎裁判所が、在日華人が日本人に対して犯罪を起こした場合には日本の法律で処罰することを決めたのを受け、華商にアヘン販売の厳禁が申し渡されたが、華商側からは、一定額を限ってのアヘン輸入を許可するよう連署の申請が返された〔『維新史料綱要』八冊、四二九頁・同九冊、五〇四頁〕。一八七〇年にようやく、長崎だけに留まらず各港の華商を含めたアヘンの取り締まりが告示されたのであった〔『維新史料綱要』一〇冊、三七五頁〕。しかし、この問題が落着するのは結局、日清修好条規の規程に基づき、清朝から初代駐日公使が赴任した後のことになる。

3　日清尋盟

こうした相互往来をめぐる実際的な問題は認識されていたものの、現実に一八七〇年の日清交渉の推進要因となったのは、外務省官員であった名倉信敦の唱える日清尋盟論であった。兵学者であり漢学者であった彼は、一八六二年に千歳丸で初めて上海を訪れた後、この時期の日本人としては例外的に海外渡航の機会に恵まれて、上海にも幾度も訪れていた。中国を愛し、唐宋時代の両国関係を理想として、日清提携によって西洋列強の脅威に対抗すること〔尋支那旧盟相為掎角〕を思い描き、宮本小一に代表される省内の反対派を論破して、その実現の機会のために尽力したのである〔森田 二〇〇二〕。これは、江戸時代の日本の対外関係で位置づければ、「通信」〔「信を通じる」という意で、朝鮮や琉球がその対象であった。貿易関係だけのオランダや清朝との「通商」に対比される言葉〕を意味したし、危機の時代にあってはそれ以上の密接な協力関係をも含意しえた。

もっとも、彼は所詮は高位の権力者ではなかった。当時の維新政府中枢が日本と清朝との関係を如何に位置づけていたかを論証できなければ、日清尋盟論がどれほどの重みを持っていたかは確かなものとはいえないのだが、残念ながら、今日でも詳らかではないというのが実際のところである。ただ、当時政府の中心であった岩倉具視が、西洋列強に礼を以て相対しつつも強く警戒する一方、これに対抗すべく清朝や朝鮮と関係を深めるべきだという見解を表していたことをはじめ〔『岩倉具視関係文書』三一七～三三〇頁〕、少なくともこのときには、名倉の議論を良しとしうる情勢があったように思われる。

ともあれ、日清交渉に臨む当事者である外務省の姿勢は、西洋列強に対する戦略的梃子を最大の狙いとすることでまとまったらしい。そのことを示すのが、柳原前光や名倉ら日本使節の出立にあたって外務省官員らによって詠まれた、数々の漢詩や和歌である。名倉ももちろん、「……唐の時代に結ばれた古い盟約を新たにしたい」と詠っているし〔『航海漫録』明治三年七月三〇日の条〕、例えば津久井遠は、「鱶を慈しみ、鯨には厳しくする。……今こそ天運が開けた。漢の時代の古い盟約を新たにせん」と、清朝と手を結んで西洋列強に対抗するという構図をはっきり示し、日清交渉を時期尚早と見ていた宮本小一でさえ、このときには「現下の紛争は、蝸牛の角の上の争いのような小さなものにすぎない。日本には、漁夫の利を獲るはかりごとがあるのだから……」と、清朝を利用する考えを明らかにしている〔『明治三年入清録』明治三年七月二九日の条〕。宮本は、日清交渉を急ぐことには賛成ではなかったが、同時に、もし実施するというのであれば、その狙いは戦略的なものであるべきだと捉えていたわけである。彼は朝鮮に対しても、旧来のあり方を大きく変えず無理しない道を慎重に探っていたのであり〔諸 二〇〇七〕、清朝に対しても、なるべく旧来の枠組で理解可能な仕方で位置づけしつつ、日本外交のコストを軽減する意味を見出せれば賛成しえたのであろう。

これらが明らかにしているのは、日本が清朝との国交に期待していたものの、意味するところである。少なくとも第一義的には、それは単なる通商の話に留まるものではなく、西洋列強との関係を見据えた戦略的展開であった。もちろんそれが、名倉信敦という顕著な例外を除いて、必ずしも日清提携を意図するものではなかったことも確かである。しかしまた、彼らは、その可能性を予め排除したわけでもなかった。重要なことは、日本外交にとって、西洋列強に対する何らかの梃子として、清朝が位置づけられたことであった。清朝はさしあたり敵ではなく、後は、日本の盾とするかあるいは共に手を結ぶかはこの段階ではまだ大差ないことなのであって、それこそ後の戦略的関係の発展推移次第であった。名倉のように中国を実際に訪れることで尋盟への信念を確かなものとしていた人物もいたけれども、ほかの多くの日本人はそうした機会に恵まれてはいなかったのである。

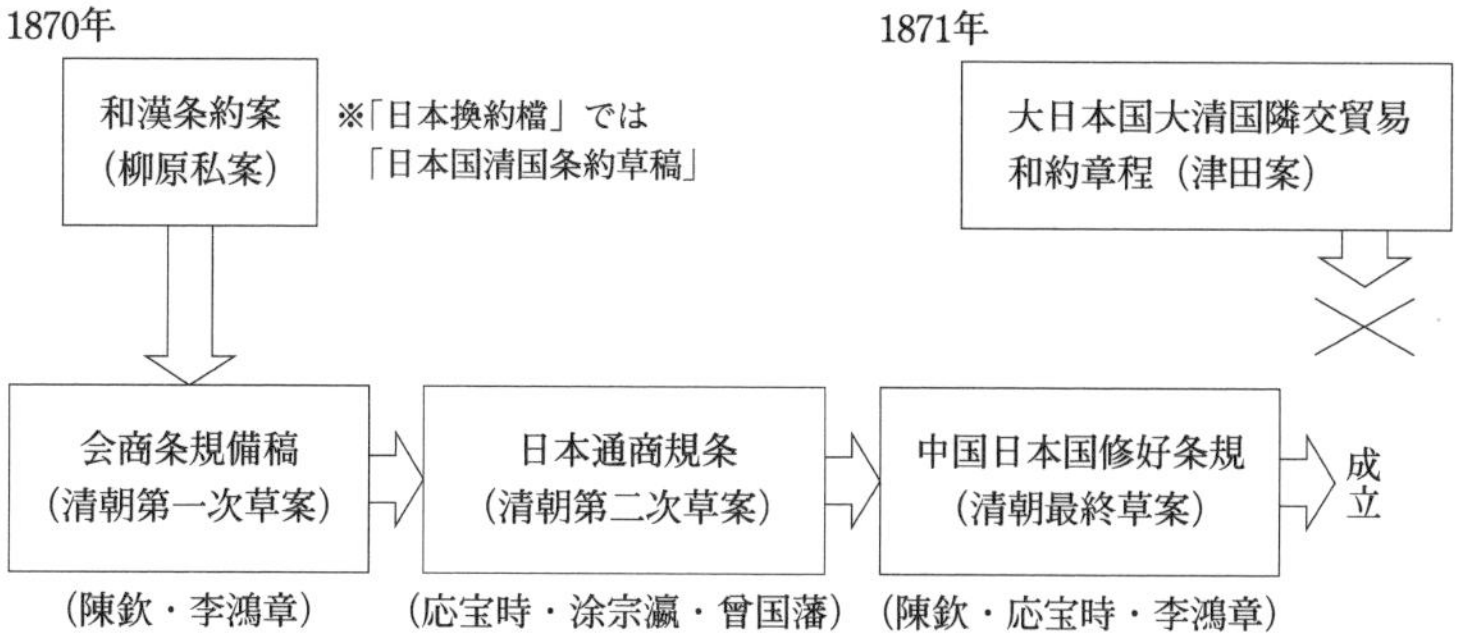

図　日清修好条規成立に至る流れ

二　日清修好条規条文の検討

日清修好条規は、一八七〇年に日本外務省が柳原前光や名倉信敦らを派遣した国交交渉に始まり、これに応じた清朝の直隷総督李鴻章ないし総理衙門との間で、翌七一年に伊達宗城を日本側全権に据えて条約交渉が行われた結果、締結されることになった。この間、日本側では柳原らが最初の訪問時に現場の判断で条約の外枠を清朝に提示する一方（柳原私案）、条約交渉の際には全く異なる草案（司法省から出向していた津田真道が実質的な起草者と考えられることから、津田案と呼ばれる）を示したこと、清朝側がそれを全面的に斥け、柳原私案を元に三次にわたる周到な検討作業を重ねた独自の条約草案をほとんどそのまま日本側に受け入れさせたことがよく知られている。

それゆえここでは、日清修好条規の各条文の意味を清朝側の企図を軸として分析する。ただし字数の関係から、すべての条文をとりあげることはできない。またその際、最終的に成案となった日清修好条規本文に対して〔『籌辦夷務始末』巻八二、三三〜四六葉・『日外』四巻、二〇四〜二一二頁〕、伊達らによる註釈〔同上、二二二〜二二四、二四二〜二五〇頁〕、柳原私案と津田案および本文に対する左院の批判〔『大隈文書』A―六七七〕、更には三次にわたり検討が重ねられた清朝の草案〔それぞれ「日本差官来華立約通商事」「日本換約（同治十年一月～六月）」「日本換約（同治十年七月～十一月）」に収録。各条文を設ける真意も明記されている〕、また、逸早く全文訳を掲載した『ノースチャイナヘラルド』（以下、『NCH』と略記）の論評〔*North China Herald*, March 7, 21, 1872〕などを適宜参照する。

1 修好条規

修好条規の前文は、次の通り。

大日本国ト
大清国ハ古来友誼敦厚ナルヲ以テ今般一同旧交ヲ修メ益邦交ヲ固クセント欲シ
大日本国
欽差全権大臣　従二位　大蔵卿伊達
大清国
欽差全権大臣 辦理通商事務太子太保協辦大学士兵部尚書直隷総督部堂一等粛毅伯　李
各奉シタル
上諭ノ旨ニ遵ヒ公同会議シテ修好条規ヲ定メ以テ双方信守シ久遠替ラザル事ヲ期ス其議定セシ各条左ノ如シ

すぐ目を惹くのは、「上諭ノ旨ニ遵ヒ」とはあるものの、条約としては異例なことに、両国の元首名が記載されていないことである。むろん、さすがに日本側もこの点は問題であると指摘したし、彼らが最初に示した柳原私案では、「大清国皇帝」と「大日本国天皇」の間の条約であることが明記されていた。これに対して清朝側は、「天皇氏」は神聖な語なので使われては困る、日本が西洋と結んだ条約では元首の尊称は一致していないし、同治帝の時代に清朝と条約を結んだ国はみな「君主」としていると答えた。しかし伊達らが、かつて条約を結んだのは将軍であり天皇ではないことを説明して、なお元首名の明記を求めると、李鴻章は、清朝の人間は頑固なので説得できない、国書が「天皇」を用いず不敬なものであればそのときに返却すればよい、と最終的に撥ね退けている。清朝としては、天下に中華の皇帝の対等者を認めない建前からして、天皇と皇帝の名が並び立つことは認められなかったのであろう。新しい西洋国際社会のルール内ではともかく、従来のルールに差し障るような形での日本との対等は認められなかった。最後には理屈をかなぐり捨て、ともかく認めないというまで強硬な姿勢が、そこから生じたのであった。

なお、この一文は清朝の草案と基本的に同じものだが、相違も若干含まれる。一つ注目されるのが、清朝の草案が「向敦睦誼」としたのを「素敦友誼」と変えたことである。これは以下でも指摘するように、意図してか、清朝が草案の中で「睦」の字を多用したことへの修正であった。いうまでもなくこの字は明治天皇の諱《いみな》であり、当時の礼法からして使われるはずのない字であった(2)。清朝側も、日本側の指摘ですぐ変更したわけである。

第一条は、「此後大日本国ト大清国ハ彌和誼ヲ敦クシ天地ト共ニ窮マリ無ルベシ又両国ニ属シタル邦土ハ各礼ヲ以テ相待チ聊侵越スル事ナク永久安全ヲ得セシムベシ」。「又」以降の文言を清朝側が新たに設けたことの含意には(これより前は、柳原私案の字面を変えたものとして解釈できる)、交渉中の日本側は気づくことはなかった。むしろ帰国後、「両国所属の邦土は和誼無窮の字より演出せし義のみにて邦土の二字は別に藩属土の名を指すに非ず」とわざわざ説明していることから、彼らは実際そのように清朝側の説明を受けた可能性が高い。事実、清朝側は、日本による朝鮮などへの侵略を防ぐという明確な目的を持ち、しかし交渉にあたってはその真意を日本側に悟らせないために、あえて第一条で「又」の前後で関係のない条文を繋ぎ合せるという策をとり、日本側には意図的に説明しなかったのであった（「日本差官来華立約通商事」一三〇葉・「日本換約（同治十年七月〜十一月）」八七葉）。また、清朝の草案にあった「倍敦睦誼」は、「倍敦和誼」と改められた。これも、上記の諱のゆえであると思われる。

この第一条では、これまでにも「邦土」という用語をめぐる問題が注目されてきた。よく知られているように、語の意味について、後に日清間で厳しい対立が生じたからである。この点、多くの先行研究が前述の事情を看過し、根本を誤ってきた。つまり、「邦土」という言葉は元来宗主国および属国を指す言葉であり、日本側にはその知識がなかった、清朝が正しい字義を日本に教えた後も、本来の意味を曲解し近代的な領土概念を利用せんとしたというストーリーが、しばしば語られているのである（最近の例として、孫 二〇〇四）。

しかしながらそもそも、清朝はこの「邦土」という言葉を、日本側を欺いて条文に埋めこんだのであった。生じた齟齬の責を日本側に求めることは、正しくない。むしろそこには、一方的に言質をとることに執着し、その内容を相手に誠実に伝える必要を考えない清朝の姿勢が見られるであろう。それは国家間の対話という、近代外交の基本的特質〔Watson, 1992〕そのものに反していたといえる。

第二条は、「両国好ミヲ通セシ上ハ必ス相関切ス若シ他国ヨリ不公及ヒ軽藐スル事有ル時其知ラセヲ為サバ何レモ互ニ相助ケ或ハ中ニ入リ程克ク取扱ヒ友誼ヲ敦クスベシ」。これは後、日清攻守同盟の含意があるとの西洋列強の嫌疑を受けた条文であるが、清朝の草案から全く変更されなかったものである。条文自体は、一般原則としての友好に留まる内容といえたが、清朝はそこに日本を懐柔し西洋列強を牽制する方策を考えていたのであった（「日本換約（同治十年一月〜六月）」一五六〜一五七葉）。そして、こうした意図の隠蔽は、西洋列強に対してよりも日本に対して行われたのである。伊達らは、これは清米条約第一条の規定と同じものにすぎないという清朝の説明を信じて（実際には、清米条約がアメリカの片務なのに対しこちらは双務）、これを受け容れたのであった。しかし彼らの帰国・報告後、左院は両者の相違をつきとめ、この条文に強い疑義を示すことになる。

ここで一層問題であったのは、西洋列強が早くも一八七〇年の段階から清朝の狙い通りの疑惑を抱くようになり、「清朝が日本と攻撃的な条約を締結した」「日本政府は、日清同盟条約を結ぶ意図で清朝に大使を派遣しようとしている」「その目的は、両国が列強の敵対行為に備え、攻守同盟条約を締結することにあると推測されている」と、見る見る内に日清攻守同盟の噂が流布したことである〔*New York Times*, October 17, 1870 ; *North China Herald*, June 16, 1871,『日外』四巻、一七二頁など〕。日本は当時まだ、清朝による英字紙への情報工作に対して争う手段も持っていなかったと考えられ〔與那覇 二〇〇七、七六〜八一頁〕、またそもそも一貫して条文の存在を秘そうとしていることから、一連の活発な報道は清朝側の工作によるものであったと推定できる。もっとも、この報に接した『ニューヨークタイムズ』などは、西洋人を不安にさせる清朝の策略だと見抜いており、宣伝活動は必ずしも効果を発揮しなかった。

第三条は、「両国ノ政事禁令各異ナレバ其政事ハ己国自主ノ権ニ任スベシ彼此ニ於テ何レモ代謀干預シテ禁シタル事ヲ取リ行ハント請ヒ願フ事ヲ得ズ其禁令ハ互ニ相助ケ各其商民ニ諭シ土人ヲ誘惑シ聊違犯有ルヲ許サズ」。これは、もともとは柳原私案第十二、十三款でキリスト教布教およびアヘン吸引を明確に禁止していたのに対して、清朝では既にどちらも禁止できない状況にあるために、清朝側が第一次草案の第十一条で「両国禁令、各有異同」云々と、日本側の趣旨を活かそうとしたものであった。ところが結局、第二次草案においてむしろ、日本人が清朝の内政に干渉してくる可能性をなくす狙いがこめられたのである。しかし、ここでも清朝側はその真意を隠したため、日本側は「専ら鴉片法教などに意を注せしなり」と、清朝の狙い通りに解し間違えてしまった。日本側はかえって、この第三条により、「只今迄ノ如ク清人吃烟ノ禁ヲ犯シタリトテ我国ノ在留ヲ許サス本国ヘ放遣スル事ヲ為シ能ハスモシコレヲ行ヘハ第三条ヲ犯スナルヘシ」となってしまったことに懸念を示している。先述の通り、日本は在留華人のアヘンを取り締まろうとしていたのだが、日清修好条規は当初、その根拠となるどころか障害であると捉えられたのであった。

第五条は、両国官員間の礼制を定めたものであるが、柳原私案で「総以両国比肩之礼」と両国の対等の礼を強調したのに対し、清朝側は当初「比肩之礼」などの語句を取り除くと共に、位階が同じ者同士は「平行」の礼で、下の者は上の者に「客礼」でまみえるという原則を盛り込もうとした。一見、「東アジアの伝統」を反映しただけの規定に見えるが、清朝内部の説明によると、日本側が現在上海に留めている役人は七、八品に過ぎず、これは清朝の知県と同じだから将来日本から理事官（領事）が来ても清朝の道府と「平行」であることは難しいだろう、日本からの秉権大臣（公使）も三、四品に過ぎないようで清朝の一、二品官と並べないから、結局みな「客礼」でまみえることになる、という明確な狙いがあった（「日本換約（同治十年七月〜十一月）」一〇七〜一〇八葉）。それは、彼らの考える伝統的秩序の中で対日優位を狙ったものだったのである。しかし結局、清朝は、原案の「均有定品如彼此品位相等」を「雖有定品授職各異」と修正することに珍しく応じている。位階の制度が日清間で異なることを、彼らも認めざるをえなかったのであった。

第六条は、「此後両国往来スル公文大清ハ漢文ヲ用ヒ大日本ハ日本文ヲ用ヒ漢訳文ヲ副フベシ或ハ只漢文ノミヲ用ヒ其便ニ従フ」（なお、漢文版では、「大日本」が「日本」、「大清」が「中国」になっている。日本側は、「中国」の語は世界の中心を意味しており（江戸時代には日本を指して用いられることもあった）不平等であるから「清」の語を用いるよう求めたのだが、結局、漢文版と日本語版とで使い分ける形で妥協した）。両国間で用いられる公文の言語を定めた条文である。

清朝の最終案では、「両国来往公文、均以漢文為意。如用本国文字、如満洲文日本文之類、均須副以繙訳漢文、以便於通暁」となっていたが、「嗣後両国往来公文、中国用漢文、日本国用日本文、須副以訳漢文、或只用漢文、亦従其便」と改められている。交渉に際し、清朝側は満洲語と日本語をそれぞれの母語と位置づけることで漢文を共通語とせんとしたのであったが、日本側が若干巻き返した形に見える。しかしそれでも結局、清朝は漢文を用いて日本語は用いず、日本は日本語を用いる場合も漢文を添えなければならなくなった。清朝は日本語訳を付す必要がなく、日本が行う漢文訳の添付は暫定的ではない。つまり、いずれにせよ日本側は漢文を使わなければならないから、実質的には変わりがなかった。

ほとんどの先行研究は看過するか軽視しているが、これは重要な問題である。外交交渉では、言葉の微細な解釈の是非でさえ極めて大きな意味を持つ。相手の言語を往来文とすることは極めて危険で、あってはならないことなのである。実際、清朝が西洋列強と結んだ諸条約でも（日清修好条規と違い片務条約であるため、比較には留保もいるが）相手の国語を公用文としたのは戦敗を受けた一八五八年の天津条約などであって、清朝はそのほかの西洋列強との間では両国語が公用語となるよう交渉したのに、他方で日本には「日本語を学ぶ必要はない」と強い態度に出たのであった〔閻 二〇〇八、九四～一〇五頁〕。

ひるがえって今日なお、「漢文使用に同意することは、単なる外交文書の言語使用についての規定に合意するという意味ではなく、従来の東アジアの国際秩序を承認し、朝貢冊封体制の論理を共有することを前提としている」として、それに背信し、漢文を使用しながら意図的に誤った解釈をすることで日本は華夷秩序を崩壊させようとした、と描く研究もある〔孫 二〇〇四。引用は一二九頁〕。また欧米の研究の中には、日本は漢文を棄て、英語を巧妙に用いて帝国主義的発展を進めたとの評価も見られる〔Dudden, 1999〕。しかし日本は、この第六条を不用意に認めてしまったため自国語で真っ当に遣り合うことができず、さりとて漢文を用いるのは明らかに不利になる、という状況に追いこまれたのである。そもそも、もし漢文が本当に国際共通語であるならば、その解釈権が清朝に独占されるというのは、少なくとも国際社会の理には適わない。〝正しい〟用法は自らだけが知っているというのは、極めて一方的な発想である。問題は、漢文を使用することで自らの意思を他国に押しつけることができると考えた、清朝側にあったというべきであろう。

第七条は、「両国好ミヲ通セシ上ハ海岸ノ各港ニ於テ彼此共ニ場所ヲ指定メ商民ノ往来貿易ヲ許スベシ猶別ニ通商章程ヲ立テ両国ノ商民ニ永遠遵守セシムベシ」。ここも清朝側の原案によるもので、柳原私案では通商の実務的な規定と国家の基本条約的な部分とが混在していたものを、通商章程を別に設けるとすることですっきりさせたのであった。

ただこれも、単に技術的要請だけで設けられたものではない。具体的な開港場は通商章程で定めるとするものの、どうあれ規定を「永遠遵守」しなければならないとなっているのである。これは、修好条規のどこを読んでも、改正期限の定めがないことと照応している（通商章程には改正時期が示されており、それを利して清朝は、修好条規の方は改正できないと主張することになる。この点は第三章で論じられる）。

第八条は、理事官の裁判権を規定した部分で、一般的ないい方をすれば、領事裁判権の相互承認である。日清両国は、西洋列強との取り決めに接続されるこうしたルールを受け容れたのであった。日本側の註記には、「両国従前所有の西約に倣ひ折衷せしなり」とある。

第十一条は、「両国ノ商民諸開港場ニテ彼此往来スルニ付テハ互ニ友愛スベシ刀剣類ヲ携帯スル事ヲ得ズ違フ者ハ罰ヲ行ヒ刀剣ハ官ニ取上クベシ又何レモ其本分ヲ守リ永住暫居ノ差別無ク必ズ自国理事官ノ支配ニ従フベシ衣冠ヲ替ヘ改メ其地ノ人別ニ入リ官途ニ就キ紛ハシキ儀有ル事ヲ許サズ」。清朝側の内部説明では、前半部分は刀剣を帯びての上陸を禁ずるなど、明代の倭寇の害と、日本人が闘いを好み刀を肌身離さず持ち歩いていることから定めたとしている（「日本換約（同治十年七月〜十一月）」一一〇葉）。また後半は、日本人が考試に参加するのを防ぐ意味があった。つまり、両国民向けの規定ながら、こうした形でまとめられたのは明らかに日本人を念頭に置いてであった。日本側は、前半については日本の習俗に反すると修正を求めたが、撥ね退けられた。清朝側は、当初「官民」としていたのを「商民」とする、つまり武士の帯刀が禁止の対象になるか否か不明確にすることで条文を通そうとしたのであったが、日本側もさすがに疑念を抱いたのである。

以下、第十六条まで、倭寇のような害を想定した清朝側によって修正（第十二条、第十三条の一部）あるいは追加（第十三条の大半および第十四から十六条）されたものである。

第十二条は、罪人引き渡しの規定、第十三条は、単なる犯罪ではなく、両国の人民が共犯して乱を起こす場合を想定し、その場合の処置を定めている。清朝側の内部文書では、「日本民情好勇貧者居多」ことを、条文を設ける理由として挙げている。『ＮＣＨ』は、逮捕に抵抗すれば即座に殺して良いという苛酷さに注目した。

第十四条は、軍艦の河川などへの侵入を禁じたもので、明らかに清朝への日本軍艦の侵入を想定している。しかし、日本側は交渉中は問題を感じなかった。後から見返したときも、友好国の軍艦はどこでも行けるのが公法で、両国とも西洋との間にこうした定めはないはずだとして、「両国トモ甘シテソノ国権ヲ欠クモノニシテ相約シテ西人ノ下ニ居ルモ同シ」ではないかと憂えるに留まったのである。第十六条は、理事官の地位についての規定であり、貿易や未定約国の理事官を兼ねることを禁じてもいる。

最後の第十八条は、条規を守り、友好を深めることを改めて述べたもので、これも清朝側の最終草案で現れたものである。調印・批准・布告の手続きの明示がその意味であった。ただし、諸々の期限が抜けている。この理由は詳らかでないが、換約の期限まで明示すれば、当然、改正の期限がないことを日本側に指摘されるであろうから、あえて落とした可能性も高い。なお、諱のゆえか、草案にあった「修睦」は「修好」と改められている。

2　通商章程

通商章程の第一款では、両国が相互に開く港が記された。第二款では、両国官民の開港場での居住、地所借受けの権利が定められた。借りる条件の中に「総テ地所ヲ借受ルニハ地方官ニテ其地人家墓所等ニ障リナキヤ」云々とあることから、『NCH』は風水思想に則ったものと批評したが、その目的は地方官による居留民の管理を徹底することにあった。

第五、七款では、商品の荷揚げに関する罰則などが定められている。例えば、華人が日本で積荷目録に載せない品があった場合は関税相当額、虚偽申告していた場合には洋銀百二十五元の罰金を科すが、日本人が清朝で同様のことを行った場合、いずれの場合も五百両の罰金と商品没収が科せられるなど不平等な規定があることから、『NCH』は日本に不利であることを指摘したが、日本では特に問題となっていない。通商章程は、概ね日本と清朝がそれぞれ西洋列強との間で定めた規定を相互に承認したものであったからである。

第二一款では、保税倉庫の定めが設けられた。これは一八六九年のオールコック協定の中にあり、それが成立しなかったことから実現されていなかったのだが、図らずも日清間の規定として発効することとなったのである。『NCH』は、最恵国条款に基づき西洋列強にも均霑《きんてん》されるとし、日本のお陰だと論評している。しかし、日本が新しい規定を押しつけえたわけではなく、これは清朝側から出した条文であった。ここで、条文に「規則ハ両国ニテ各取極ムベシ」との但書があることが注目される。当時、日本では外国人向けに当該規則が実施されていたが（日本倉庫協会編 二〇〇五、八～九、二三～二四頁）、清朝での保税倉庫開設は一八八〇年代まで下るからである（本野 二〇〇四、一一九頁）。保税倉庫の運用実態については管見の限り必ずしも明らかでないが、通商章程のこの規定の底意はむしろ、清朝側は即時の開設を避ける一方、日本の保税倉庫は利用できる、ということであったと解することができよう。

第二四、二六款では、それぞれ硝石・硫黄・白鉛、銅銭と塩という戦略物資の管理を定めたものであるが、銅銭および、日本人が清朝の注文で硝石・硫黄・白鉛を売る場合を除き、すべて日本人による売買を禁じる規定である。当時、こうした規定は西洋列強との間では存在しない。清朝の商人はこれによって規制されることはなかったため、左院は「我商ノミワリヲクフヤフナリ」と指摘している。

第二八款では、輸入税則あるいは輸出税則しかない商品の場合、輸出あるいは輸入に際して輸入税則あるいは輸出税則に準じるとしたものである。左院は、「我従前ノ税目ト相異アリ如何」と批判しているが、先述の通り通商章程は現行制度を相互承認する性格が強く、この規定は津田案に由来する。つまり、日本側の調査不足による過失であった。日本では本来、どちらの場合も一律五％の関税率が適用されることになっていたのである。

このように、ほぼ清朝の草案通りとなった修好条規と違い、通商章程は基本的に既存の規定を相互承認したものであったことから、津田案も一部が採用されている。すなわち、通商章程の第五（前半）、六、十二、十三、十七（後半）、二二～二六、二八、三十、三二、三三款などがそれである。他方、津田案にあった内地通商は逆に明確に禁じられた。

第三一、三二款はそれぞれ、税則の変更は随時交渉可能なことと、通商章程の改正は十年後に交渉可能なことを規定した。これに対して左院は、この十年の間は、西洋列強との条約改正が行われてもこちらは変えられない、そもそも新たな開港があってもそれを追加することさえできないと批判している。しかしまた、第三二款の規定それ自体に限れば津田案にも同様の文言が含まれていたのであり、津田にしてみれば、通常、条約とはそのようになっているものであって、西洋列強との条約改正問題のような特別な事情をいわれても困るということであったろう〔津田のこうした考え方については、森田 二〇〇七を見よ〕。だが本当の問題は、既に触れたように、通商章程のこの規定が明確であるがゆえにこそ、修好条規の改正が想定されがたくなることの方であった。

三 評価と展望

近代外交の特質は、力関係や国際法を介在しつつも相手国との間で対話を重ねることで、一定の共通諒解を生み出す可能性にある。しかし清朝も日本も、日清修好条規締結の時点ではそれをよく理解していなかった、あるいはそこまでは近代外交を受容していなかった。

日本の対清政策の困難は、西洋列強との関わりなしには近代の日中関係が成り立たなかったことにまで遡る。日本が近代化＝西洋化を推進したことは彼らの先見の明による選択に見えるが、対清関係からはそうせざるをえなかった一面も看取されるのである。例えば、往来公文に漢文を用いる不利は、第一条に見たように現代の研究者でさえ漢文読解について清朝側の解釈が一方的に正しいと思いこみがちであるのを想起すれば、決して小さくないと知れよう。まして清朝は端からその有利不利を利用するつもりであり、第六条はその固定化に繋がるものであった。

かくて、日本は漢字を用いない言語――英語――を援用しなければ対清不利を免れなかったのであり、それは必ずしも主体的選択の結果ではない。

他方、清朝の対日政策の問題点の一つは、日本に対するほぼ一貫した不信感であろう。内外多難な日本は、西洋列強と清朝の双方との間で如何に友好関係を保つか、綱渡りに腐心せざるをえなかった。しかし清朝の方は近代最初の出遭いから、日本を抑えこむと共に友好にはあまり期待せず、専ら西洋に対する盾としてのみ見たのであった。その最たる反映は、むろん日清攻守同盟が疑われる第二条であった。それゆえ、日清修好条規が調印された後、日本はこの第二条の撤回を最優先課題として取り組むことになったのである〔筆者とは強調点が異なるが、バランスのとれた最近の研究として、李 二〇〇六がある〕。

（1）　字数の関係から先行研究の整理はできないので、ここでは、研究史上の画期として王璽の著作を挙げるに留める〔王 一九八一〕。同書により、清朝側の条約草案の成立過程と企図が詳らかとなったこともあり、以後の研究は専ら清朝の立場から叙述されるようになった〔代表的なものとして、鳴野 一九九九・谷渕 二〇〇一。大きな例外として、徐 一九九四〕。

（2）　清朝側は草案策定の最終段階で、数々の字句を「睦」を含むものに書き換えている。なお、清朝歴代皇帝と同治帝の諱は事前に伝えられた〔『日外』四巻、一九四頁〕。

第三章　隣国日本の近代化
——日本の条約改正と日清関係——

五百旗頭　薫

はじめに

本章では、日本の条約改正をめぐる一八七〇年代・八〇年代の日清関係を考察する。この時期の日清関係を特徴付けるのは、一方の日本が、近代西洋を基準とする主権国家として国内統治を確立しようという不断の衝動を、清朝よりも強く有していた点にある。この衝動は外交においてはもっぱら日本の対欧米の条約改正要求に反映されたが、同じ衝動が清朝に対しても緊張と交渉の材料として働いた。

近代東アジアの独立国が主権を確立する上で障害となったのが、欧米と国交・貿易関係を樹立する際に締結した条約であった。このいわゆる不平等条約を代表する制度は、領事裁判と協定関税であろう。当初、日本は二つの制度を撤廃させるだけの力量を有していなかった。欧米に対する条約改正交渉前半の中核は、これらの制度と両立する形で、在日外国人に対して日本の行政規則を適用し、違反した者をなるべく日本の権限で逮捕・処罰することで、国内の統一的な統治を確立しようとするものであった〔五百旗頭 二〇〇七〕。行政を突破口とする国家形成の試みは、清朝に対しても在日華人取り締まりや日清修好条規の改正といった要求として表出する。これに発する日清交渉の検討が、本章第一・第二節の課題である。

しかしながら、行政権の回復を主眼とした対欧米交渉は難航し、交渉の後半では目標を領事裁判の撤廃による司法権の回復に引き上げることとなった。日本の対清交渉は、対欧米交渉の前半に共有された要請と、後半に持ち込まれた要請の双方を満足させなければならなかった。これが日清関係にどう影響したかの検討が、第三・第四節の課題である。

一 日清修好条規の運用と行政権

統一的な行政の確立は日本政府全体が共有する課題であったが、外務省よりも、行政の現場に携わる各省にとってより喫緊であった。特に税関行政を司る大蔵省は、日清間の貿易のルールに強い不満を持っていた。

日清間の関係を規律する条約は、日清修好条規ならびに付随する通商章程として一八七一年に調印されたが、その後日本が内容の改訂をするために批准延期を求めた。延期を求める主な理由は、岩倉使節団の対欧米条約改正交渉の結果を待ちたいということと、第二条の文言に攻守同盟の色彩があり欧米諸国の反発を招くということにあったが、日本と清朝それぞれで機能している貿易のルールが異なるため調整を要するというのも論点の一つであった。李鴻章は批准延期を認めようとせず、また批准後の条約ないし章程の改正も極力避けようとした。貿易のルールの違いが存在することや対欧米条約改正によって新たに生じ得ることについては、日本ないし清朝の海関規則に「変通」が生ずれば協議して便宜を図るという通商章程第三一款が存在することを理由に、批准前の改正要求を拒絶した〔『日外』五巻、二七三・二八五・二八八頁〕。

こうして、日清修好条規と通商章程は七三年に批准された。しかし第三一款は批准をめぐる論争の中心ではなく、これによってどの程度重要な「変通」がどのように行われるかについての共通了解が成立していたとはいえず、その運用如何は未決の問題であった。

1　清朝領事不在時の税関の裁量

清朝と日本がそれぞれ欧米と協定した貿易のルールには相違があった。基本的には、清朝と欧米とが協定したルールの方が簡単であった。日清間の条規・通商章程は、この違いを放置したり、中途半端に調整したりした結果であった。そのため、日本から見れば一方で税関の権限が不十分であり（例えば貨物隠匿の罰則は関税相当額の罰金のみであった）、他方で逆に外国商民の権利保護が不十分であった（虚偽申告の要件が漠然としていた）。したがって、日本における華人の取り締まりに不便であったり、清朝における日本人の権利保護に不安があったりした〔『日外』九巻、四二三～四三〇頁〕。

大蔵省は、華人への取り締まりが欧米人への取り締まりと不整合を起こすことを特に問題視した。外務省としては、一八七四年の台湾出兵によって緊張した両国関係がまだ修復されておらず、通商章程に記された改正期限である批准後十年も経過していなかったため、必ずしも熱心ではなかったが、大蔵省の強い要求を受け交渉を試みた。

清朝の対外交渉は条約の遵守を標榜することで外国の要求に抵抗するという手法をよく用いていたが〔坂野 一九七〇、一一～一三頁〕、日清修好条規についても条約内容の変更に消極的であった。

そこで外務省・森有礼駐清公使は、通商章程の明示的な改正を求めるのではなく、清朝側から欧米人向けと同様の貿易取り締まりを認める趣旨の照覆を引き出し、それを税関に伝達し事実上の内規とさせることで問題を解決した（『日外』九巻、四六二頁）。清朝は条約の規定が変わらない限り、日本側の要請に柔軟に応えたのである。日本における貿易ルールと清朝における貿易ルールが不一致であること、この不一致を条約レベルで改正するのに清朝が消極的であることがかえって、日本の税関行政の裁量を認めることにつながったのである。

しかしそれは移ろいやすい収穫であった。なぜならば、日本税関に認められた裁量は、通商章程三一款の枠内でとらえられるだけに、既存の条約関係を超えた権利の獲得とは日本においても認識されていなかった。森も、森が赴任する前に交渉に着手していた鄭永寧代理公使も、新しいルールはいずれ両国間のより正式な合意によって基礎付けられるべきであると考えていた（『日外』九巻、四四二、四六二頁）。

ところが条約レベルの改正や追加には、清朝はあくまで消極的であった。例えば、森は独特の日清提携論に立って、日清がお互いの産品に対しては輸入税を廃止することや、互いに領事裁判権を放棄するといった提案を行ったが、総理衙門は交渉に応じなかった。寺島宗則外務卿が要望した第八条（現地国裁判への領事の立会いを認めており、欧米に援用されることを日本政府は恐れた）の改正も、条約の遵守を理由として拒絶された。

さて、この時の日本側の交渉には、司法省の要請を受けて第九条も論点に含まれていた。第九条は、清朝領事（理事官）が赴任していない場合は在日華人を日本地方官が管轄することを定めていたが、この管轄権に刑事裁判における適用法や裁判権をも含ませようとしたのである。ここでも日本側は、明示的な改正を求めると清朝の反発を招くことを心得ており、あくまで解釈の確認という形で交渉した（『日外』九巻、四四〇〜四四二頁）。

やはり清朝は日本における自国民取り締まりの実態については関心が希薄で、日本側の解釈に基づく運用を容認する。とはいえ、清朝側も華人の代表（「華幫司事」）が加わる会同裁判を提案するといった抵抗を試みており、在日華人の管轄が日清間の争点となったことは否めない（『日外』九巻、四五一頁）。台湾出兵の衝撃に加え、アメリカ大陸や南洋における華人の保護・取り締りの必要が認識されたこともあり、日本にも領事（理事官）を派遣することになった。七七年一二月、何如璋公使と共に、范錫朋理事官（横浜駐在）が赴任してくるのである。

2　清朝領事赴任後の華人取り締まり問題

理事官（領事）が赴任することで、通商章程違反事件に対する裁判権・処罰権が清朝領事に移転するはずであった。ところがこれに留保をつけようとしたのも大蔵省であった。日清間の通商章程の文面は、欧米が日本と結んだものと比べると領事の裁判権・処罰権の規定が限定的であったりあいまいであったりした。これをとらえて大蔵省は、華人への税関の取り締まりを清朝政府になるべく広範に認めさせるよう、外務省に要請したのである〔『日外』一一巻、二六四～二六五頁〕。

大蔵省・税関の憂慮を強めたのは、華人によるアヘン密輸の問題であった。清朝領事の赴任を踏まえ、外務省は従来の日本におけるアヘン密輸・吸引に関する規則を清朝領事が華人に対して適用するよう交渉し、概ね認めさせていた〔『日外』一一巻、二五八～二六三頁〕。しかし外務省が清朝と合意した取り決めは、欧米領事のイメージを投影したためか、裁判や罰金徴収について清朝領事に強い権限を認めたものであった。これに対する大蔵省の不満は強く、大隈重信大蔵卿・大蔵省は外務省に対して詰問的な照会を連発した。

アヘン吸引への取り締まりは、密輸取り締まり以上に日清間の懸案となった。在日華人の反発も、特に家屋への立ち入りを伴う場合は強かった。後のことになるが、一八八三年九月には、長崎においてアヘンを吸引していた華人を日本人巡査が屋内で逮捕し連行したところ、路上で華人の集団と衝突するという事件が起き、峯進巡査が抜刀して華人魏亦鰲を殺害するに至った（長崎アヘン事件）。清朝は強く抗議した。峯は長崎裁判所にて有罪判決を受け、日本政府も遺族に救恤金を支給することで清朝との関係修復を図らなければならなかった〔佐藤 一九八四、二〇〇〜二〇一頁・「清国人魏亦鰲遺族ヘノ救恤金別途下付ノ件」〕。

以上のような対華人行政の問題に、琉球処分をめぐる対立が加わった。日本が琉球に清朝への朝貢を停止させたことに対し、一八七八年一〇月に何如璋公使が強く抗議した。この照会の文言に日本側は反発し、翌年三月には廃琉置県を断行する。アヘン取り締まりへの協力を要請しても何公使が琉球問題での譲歩を要求することがあり、解決は一層困難となった。

ここまで日本の外務省は、華人への取り締まりについて大蔵省よりも柔軟であった。しかし、以下で見るように欧米への行政権回復要求が税関行政から警察などの行政一般に拡大される中で、外務省も対清交渉を積極化していく。

二 対欧米条約改正交渉の停滞と内地通商要求

寺島宗則外務卿は、関税自主権と貿易規則の制定権を回復しようと交渉したが、ヨーロッパ諸国の同意を得られず、在欧日本公使との意見の違いも調整できなかった。一八七九年九月、寺島は外務卿を辞任し、井上馨が後任として欧米との条約改正交渉の再開を図った。井上は改正草案中に将来的な法権回復を掲げたが、最も重視していたのは、警察をはじめとする行政の規則を自主的に制定し、外国人に適用する権利の回復と、関税の引き上げであった。

同じ年、アメリカ前大統領のグラント（Ulysses Simpson Grant）が日本を訪問し、琉球問題の仲裁を試みた。これを契機に宮古・八重山諸島を清朝に委ねるという妥協案が日本側で浮上する。日本は琉球分割と引き換えに、日清修好条規への追加特約を要求する。目的は複数あり、欧米との条約改正交渉の障害を除去すること、日本における華人取り締まりを容易にすること、欧米が有していた清朝領内における内地通商権を獲得すること、があった。

政策形成にあたって大きな影響力を発揮したのが、有能な法制官僚である井上毅であった。井上毅は外務省大書記官を兼任し、竹添進一郎（大蔵省より天津に派遣、一八八〇年中に天津領事に就任）と連携しつつ日清間を往復した。政府の訓令と公使の請訓の双方の策定に携わるとともに総理衙門との会談にも列席した。政府の中心である伊藤博文内務卿との連絡も密であった。寺島外務卿時代に露呈した外務省の統制力不足が、井上毅のヴァイタリティによって乗り越えられるはずであった。

1　条規改正要求の集約と内地通商要求の突出

交渉に先だち、どちらが全権を派出するかが問題となったが、日本が一歩譲る形で全権を送ることとした。井上毅らは、裁量権が狭く強硬になりがちな何如璋公使よりも、総理衙門の方が妥協しやすく、交渉相手として望ましいと期待していた（『毅伝』第一、一七三〜一七五頁）。一二月、総理衙門が前述の何如璋の照会を棚上げという形で事実上撤回することを表明すると、それ以上の追及は控え、宍戸璣駐清公使に交渉の全権を付与することとした。

一八八〇年三月、井上馨外務卿は宍戸宛の訓令を竹添に託した（『日外』一三巻、三六九〜三七三頁）。日清は力を合わせて欧米から権利を回復すべきである、と高らかに謳いあげるものであった。その上で、日清が欧米に対する条約改正を実現するためには、日清修好条規が障害とならないようにすべきであり、欧米に対する条約改正の内容を日清間にも適用することを提唱していた。

添付された追加特約案の主旨は、有条件最恵国待遇をお互いに認め、日清いずれかが関税自主権と行政権・裁判権（「管理商民、査辦犯案」）を回復した場合には相手国居留民もそれに服する、というものであった。条規の改正ではなく追加特約という形式をとったのは、改正交渉が行える批准後十年が到来していないことに配慮したためである。

このシンプルな特約が、他の交渉目的も包摂していた。

まず、在日華人の取り締まりを井上毅や竹添は重視していたが、具体的な条項は特約案には盛り込まれなかった。欧米との交渉の結果、関税・税関規則・警察規則などが変化すると想定していたことが（『沖縄県史』一五巻、二〇九頁・『毅伝』第一、一八五～一八六頁）、対欧米条約改正との調整と、華人取り締まりの整備という二つの争点の合体を容易にしたのであろう。

また、欧米に与えるのと同様の権利義務を日清がお互いに認め合うという論理から、清朝に対する内地通商要求をも導き出した（日本は欧米に内地通商を認めていないので、清朝の方は内地通商権を得ないことになる）。欧米が清朝に対して獲得した内地通商権は無条件であったという解釈から、日本も有条件最恵国待遇を得れば無償で均霑できる、という考え方をとっていた（『日外』一九巻、二一三～二一四頁）。欧米が持たない内地雑居権まで要求するかも論点ではあったが、井上毅・竹添はこれを自制した。当時、清朝は欧米に対して、内地での領事による居留民への清朝法規の適用を要求していた。内地通商を前提とした部分的な行政権回復を志向していたといえよう。法権回復・内地雑居を論ずる段階ではないと考えた井上毅・竹添は、日本側の要求を内地通商に留めたのである（『毅伝』第一、一八五～一八六頁）。

しかし交渉の着手までには時間がかかった。グラントが琉球三分割と中部における王国再興を勧告したと清朝が主張し、アメリカ側に確認するのに時間がかかったからである。

それだけではなく、日本側の足並みも揃っていなかった。前年四月に北京に赴任していた宍戸は、琉球問題について非公式な交渉を総理衙門との間で重ねていた。何如璋の照会を棚上げする総理衙門の照会も、宍戸と協議しつつ文案を練ったものであり〔「宍戸特命全権公使球案復命書原本」〕、宍戸としてはこの照会に応えて日本が琉球問題について一定の譲歩を示すことを期待していた〔『沖縄県史』一五巻、一三八、一五四頁〕。ところが日本本国は宮古・八重山諸島と引き換えに条規改正問題を持ち込んだ。宍戸はグラントの意向が判明しないことを理由に条規改正交渉に難色を示し続け、井上毅は伊藤・井上馨に不満を訴えた〔『毅伝』第四、三五頁・『沖縄県史』一五巻、一九四〜二〇〇頁〕。

井上毅が条規改正を急いだ理由の一つに、内地通商権の獲得を重視していたことがある〔『毅伝』第一、二一四〜二一六頁〕。彼によれば、内地通商権がないことで、単に中国内地に入れない不利不便があるのみならず、華人に内地輸送を委ねるため釐金《りきん》を徴収されるという問題もあった。実際、欧米の条約国人は、アヘン以外の商品の内地輸送について低水準の子口半税の外は徴収されないという特権を得ていた。この経済的利益は大きく、これに与かるために外国商人と提携・協力する華人商人が叢生・組織化されていたほどである〔本野 二〇〇四、一二九〜一三六、一四四〜一五二頁〕。日本がこの特権を享受しないことは、欧米との対中貿易競争において非常に不利であると考えたのである。

一八八〇年六月、井上馨外務卿は吉田清成駐米公使の報告を受けてグラントが宮古・八重山諸島のみの割譲と条規改正に賛成であると判断し、三月訓令をあらためて六月二九日付で宍戸に与え、交渉を指示した〔『宍戸璣関係文書』五五―一六、五六―九・『沖縄県史』一五巻、二〇二頁）。これを受けて清朝側では総理衙門が全権を委ねられ、ようやく八月から交渉が始まった。

こうして交渉が出遅れている間に、日本政府全体においても、内地通商権の優先度が高まっていく。欧米との条約改正交渉は、草案や関係書類の準備に時間がかかり、ようやく五月二二日に欧米条約国に向けて主要部分が発せられていた。七月には、草案が不評であることがドイツ・フランス公使から伝わり、対英交渉に至っては森有礼駐英公使との意思統一すらままならない状態であった（『日外』一三巻、一五〇～一七一頁）。欧米との交渉に時間がかかる中では、追加特約案ですぐに獲得できる大きな成果は内地通商権のみであった。

しかも、西南戦争（一八七七年）後、日本の貿易収支は極度に悪化しており、財政・通貨価値の立て直しをめぐって政府内では深刻な論争が続いていた。大隈重信大蔵卿の提案した外債募集は一八八〇年五月に却下され、それにかわって台頭した米納論も八月に退けられて、経済政策の展望が描けない状態であった。その打開策の一つとして、欧米商人の手を経ない清朝への直輸出を拡大しようという意識が強まった（黄 二〇〇八、一三五～一三七頁）。八月には津枝正信（元奈良県参事）が経営する津枝洋行の貨物（藍靛《らんてん》）が天津において釐金を過重に徴収されるという事件が起きていた。津枝洋行は日本政府の支援の下、中国市場の調査や日本産品の輸出拡大のために設立されたばかりであった。政府はこの事件を問題視し、しかも条規改正問題との連関の下にとらえた。

祥字号に代表される中国北部での華人の流通網は根強いものがあり、子口半税の特権を得ても日本商人が内地に浸透できるという保証はなかった（『五代友厚関係文書』書類五七九）。日本政府も三月の交渉決定の時点ではその点を自覚しており、他の目的が達成されるならば内地通商権を断念してもよいと考えていた（『沖縄県史』一五巻、一五八～一六〇頁）。しかし民間でも五代友厚などを中心に直輸出論が高まっており、政府に助言・協力しつつ貿易会社の設立を進めていた。しかも津枝洋行は事実上五代の支店であり、清朝への藍靛の売り込みは五代自身の事業の中でも最有望視されているものの一つであった〔『五代友厚伝記資料』三五五~三五七頁〕。

これらを背景として、日本側の内地通商要求は強まった。元来日本政府は、追加特約の実施は欧米との条約改正の時でもよいと考えていた。しかし一〇月一二日の訓令は、輸出拡大のためには一日も早く内地通商権を獲得すべきであり、追加特約は必ず即時施行とするよう厳命するものであった〔『日外』一九巻、二〇八~二一一頁〕。宍戸はこれに応えて交渉した。この頃には、井上毅と宍戸の歩調も合っていたようである〔『毅伝』第四、三七頁〕。

しかし総理衙門が難色を示したのも、内地通商問題であった。交渉そのものが清朝側の事情で度々遷延したが、実質的な争点となったのは、追加特約の趣旨を最恵国待遇ではなく互恵にしたいという総理衙門の主張であった。日本が清朝から一方的に内地通商権を獲得することに反発したものであった。

前述した欧米の内地通商権と子口半税特権がもたらすインパクトを、清朝は深刻にとらえていた。欧米商人に協力し、あるいはその買辦となる華人の横行は、内地諸税・釐金の徴収を請け負う同郷同業団体を有力な担い手とする社会経済秩序を掘り崩すものと考え、一八八〇年代に入ると清朝官憲は本格的な弾圧に乗り出していた〔本野二〇〇四、一五二~一五九頁〕。同様の特権を日本に与えることに難色を示したのは当然といえよう。

しかし、宍戸が交渉打ち切りを示唆すると、総理衙門の方が歩み寄るということが繰り返された。その背景には琉球問題があった。天津では竹添と李鴻章との交渉がある程度順調であり、特に琉球分島案に対して李鴻章は前向きであった。

清朝側が重視したのは、琉球王国を再興して清朝としての体面を保つところにあったようである〔西里二〇〇五、三四七~三五二頁〕。そこで、分島の是非や範囲よりも旧王族の引渡しにこだわった。日本は、廃琉置県をした建前上、清朝に一部割譲してその後の清朝側の処置を黙認するのはともかく、日本として明示的に王国再興を認めるような措置には抵抗があった。井上毅は琉球についてはやや柔軟であり、王としてではなく「琉球土司」として擁立するならば引渡しを認める、というアイディアを宍戸に示していた〔『毅伝』第四、二一〇～二一二頁〕。

しかしそのような譲歩をするまでもなく追加特約・琉球分島についての総理衙門の同意が得られ、調印を待つのみとなった。経過を報告するために井上毅は一時帰国した。

2 交渉の頓挫

ところが、李鴻章が反対に転じ、清朝政府内で議論が闘わされた結果、総理衙門は調印延期・再交渉を決め、一一月一七日にそれを日本公使館に伝えた。総理衙門に与えた全権を自ら軽んじる背信行為であるとして、井上毅は憤慨する。

井上毅は、交渉の妥結よりも、有利な交渉の打ち切り方を考えるようになる。三〇日、調印の許可を求める井上馨外務卿名の上申が太政官に提出された。同じ日に、井上馨名の内訓が宍戸宛に発せられ、公使帰国を示唆する強硬な抗議を、井上毅と協議しつつ行うよう命じた〔『日外』一三巻、三八四～三八六頁〕。上申も内訓も、井上毅が起草したものであった〔『毅伝』第五、二二頁。同第四、三八頁〕。交渉が順調に進められていたこと、清朝の態度変更は日清間の合意が成立した後で背信的であること、の双方を内外にアピールするためであろう。

これに対し宍戸は、来春までの調印を外務卿から総理衙門へ直接要求することを提案し〔『日外』一九巻、二三八～二四〇頁〕、田辺太一書記官を帰国させて状況を説明させることとした。後に引けない駐清公使館にかわって、外務卿による直接交渉に期待をつないだのであろう。

ところが冬期結氷のため田辺は天津まで航行できず陸路をとることとなり、帰任途上の井上毅と一二月八日に上海で再会するタイミングとなった。井上毅は、日本側も（宍戸の）全権を軽んずることになると反対し、田辺の帰国を制止した。天津で竹添を交えて田辺と話し合い、一一月三〇日内訓よりもさらに激越な文言で抗議する方針を固めた〔『毅伝』第四、三九〜四三頁・『宍戸璣関係文書』五五―一三〕。この話し合いを受けて井上毅が起草した文面とほぼ同様の照会が、一二月二七日に宍戸から総理衙門に発せられた。

宍戸は吐血するほど体調を悪化させていたが、帰国することとなった。さらに井上毅たちの強い主張で、琉球問題についての交渉を今後拒否することも宣言した〔『毅伝』第一、二一七〜二一九頁・『日外』一四巻、二七五頁〕。宍戸は田辺に代理公使の任を与えた上で翌一八八一年一月二〇日に北京を離れ、帰国した。

日本の交渉をどう評価すべきか。日本側は、本国政府・駐清公使が辛うじて一致した方針を維持し、一度は総理衙門の同意を得るまでに至った。井上毅は、日本側の様々な要求を、日清提携論を援用した対欧米条約改正という大義名分の下に整理・統合・正当化するとともに、実質的な交渉を促進するために、琉球分島を含め、時折柔軟な判断を示した。

他面で、その交渉は戦略的に過ぎたかもしれない。当時ロシアと清朝との間に起きていたイリ地方をめぐる紛争に便乗したものであった。このことと、琉球問題との抱き合わせで条規改正を要求したことは、李鴻章の大国意識を刺激し、彼が交渉妥結に反対する理由となった。

それがどこまで戦略的であったかも検討の余地がある。そもそも清朝では、日清間の軍事的緊張を賭すほど琉球問題にこだわる意見は少数であった。一方、条規改正も重要でもなく好ましくもなかった。つまり、琉球分割と条規改正は不安定なバランスの下に置かれており、日本の分島案は一つの選択肢として受け入れられたが、それ以上のものではなかった。したがってこのバランスは、在清琉球人の精力的な抗議運動〔西里 二〇〇五、三七一～三七五、三八三～三八七頁〕によって覆し得るものであったといえよう。

また、井上毅はやはり野心的に過ぎた。一方的な内地通商要求は、清朝の反発を増幅させた。しかも途中でこの要求の比重が高まり、欧米との条約改正の結果をスムーズに在日華人に適用したいという切実な必要性や、欧米に対して対等な地位を獲得するために協力するという理念は後景に追いやられたのである。

逆に、要求内容を整理しすぎた面もあった。欧米への条約改正要求の実質が行政的な居留民取り締まりの次元にとどまっていたこともあって、在日華人の取り締まりという、もともと日清関係に内在していた要求は、対欧米条約改正との調整の中に埋め込まれ、その挫折と運命を共にしたのである。

井上毅も竹添も、形式や体面に敏感であった。それ故に彼等が全権派出・追加特約・王族引渡しといった領域で清朝に譲歩しようとした時、恐らくそれをかなり重大な譲歩と考えていた。彼等の感覚は清朝側ともある程度共鳴し、成果を挙げたと思われる。だが井上毅なりのバランス感覚は、総理衙門が方針を変更したことで限界に達した。彼は廃琉置県の形式だけでも確立すべく、琉球問題について今後協議する可能性を極度に狭めながら交渉を打ち切らせ、その後に再交渉の可能性が浮上した際にも批判的・消極的であった。琉球問題について交渉しないということは、これを端緒とした条規改正交渉ができないことを意味した。以後、条規改正は一層困難となる。

しかも、一八八二年には朝鮮で壬午軍乱が勃発し、日清間の緊張は一層高まった。

さらに、日本の欧米との条約改正交渉が度々困難に遭遇し、日本の要求内容も変転した。これと関連の深い清朝との条規改正に、本格的に取り組める状況ではなかった。

すなわち、井上馨外務卿の条約改正案はイギリスを中心とするヨーロッパ諸国に拒絶され、一八八二年中、東京において条約改正予備会議が数回にわたって開催された。行政権回復への展望が得られないため、井上は内地開放と引き換えに領事裁判そのものを撤廃する構想を発表して好評を博し、これをきっかけに関税引き上げへの国際的合意ができていく。しかし内地開放への政府内の、領事裁判撤廃へのイギリスなどの反対があったため、行政権・法権の回復については成果のないまま予備会議は閉会となった。

その後、ドイツを仲介として日英の交渉が続いた。結局、(一) 沿海貿易や内地旅行についての若干の譲歩と引き換えに行政権の一部回復や関税引き上げを認める新通商条約を結び、(二) その後、内地の全面開放と領事裁判撤廃について別途交渉し、(三) この交渉の妥結・内地開放と新通商条約の満期到来を条件として新通商条約を廃棄し、法権・行政権・関税自主権を回復する、という方針が日英独の間で合意された。これに基づいて一八八六年に再び東京で条約改正会議が召集された。しかし審議はなお円滑には進まず、(一) の詳細をめぐる複雑かつ困難な交渉が予想された。

この間、清朝と条規改正交渉を行う用意は日本になかった。一八八三年に批准後十年が経過し、改正交渉を行う権利が発生したが、日本は榎本武揚駐清公使が、欧米との条約改正ができ次第清朝とも改正交渉をしたい旨の意思表示をするにとどまった。

三 対欧米条約改正交渉の進展と日清交渉

一八八六年五月から欧米との条約改正会議が始まる。日本としては将来的な領事裁判撤廃の準備も視野に入れて、日清間の条約関係を調整しなければならない段階に突入した。

日清間の条約改正交渉を妨げかねない周辺地域をめぐる対立も、小康状態に入っていた。朝鮮では一八八四年一二月に駐韓公使の竹添が関与した甲申政変が起こった。これは清朝に鎮圧され、伊藤博文は李鴻章と交渉して八五年四月に天津条約を締結し、日清両軍のソウルからの即時撤退や将来出兵する場合の相互通知に合意した。以後日清両政府は緊張をはらみつつも、天津条約の円滑な運用を目指して一定の協力関係を維持することになった。

琉球問題は併合から年月が経過して、清朝の非承認と琉球人の渡清運動を伴いつつも、国際政治の次元では切迫性を失っていた。

以上のような状況を踏まえ、日本は、琉球問題を切り離した形での条約改正交渉に着手した。一八八六年三月、塩田三郎が駐清公使として北京に赴任するにあたって、井上馨外務大臣（内閣制度創設により就任）は条規改正交渉を命じた。塩田は外務少輔として欧米との条約改正交渉に深く関わっており、欧米と清朝両者との条約改正を調整するにふさわしい人選であった。そして宍戸の時とは異なり、交渉方針の策定に参画していた。

1　交渉の開始

井上馨の発した訓令には二つの方針が並存していた（『日外』一九巻、一二一〜一二九頁）。

一方では、日清双方に領事裁判権があるのを前提に、在日華人を取り締まるための行政権の強化を要求していた。特に条規改正草案第八条は居留民が現地国の政令・地方規則・警察規則を遵守することや、違反した場合の逮捕権の配分や罰則の準拠国を定めており、訓令が「最重要」と呼ぶものであった。第十七条はアヘン吸引について罰則を具体的に規定し、かつ家屋に立ち入って現行犯逮捕ができると記しており、第八条と並んで「最重要」であった。

ここには行政権回復交渉を知悉する塩田の意見が反映されていたようである。本人の後日の説明によれば、改正案策定に際して塩田はなるべく大がかりな改正は避けて清朝が受容できるような「小改正」にするよう提案し、概ね容れられた〔『日外』二一巻、八七頁〕。

他方で、欧米との条約改正問題も投影されていた。有効期限を五年という短期に設定し、附約として日清いずれかが欧米との間で条約を改正した場合は相手方にも適用するという旨の附属約款（以下、「専条」で統一する）があった。清朝の反発を招く内地通商要求は、削除されていた。

四月、塩田はまず天津の李鴻章と接触したが、直接交渉を拒否され、総理衙門に交渉を申し入れた。裏面で李鴻章は総理衙門に対して、欧米との条約改正が済むまでは合意しないこと、そのためになるべく交渉を引き延ばすこと、かつ琉球問題も同時に解決すべきことを主張していた〔津田 一九九三、六六〜六七頁〕。

総理衙門は徐用儀や廖寿恒を中心に、批准十年後に改正しなければさらに十年間改正はできないとか、改正規定は通商章程第三二款にあるので条規本体は改正を想定していないといった主張によって、改正交渉自体に反対した。塩田はこうした抵抗に苦しむが、日清関係に内在する彼の視点は、清朝の危惧を助長しない説得に適していた。欧米と条約改正をするから清朝とも改正しなければならない、と迫るのではなく、あくまで現在の条規運用上の問題を解決するために交渉したい、という態度を取り続けた。そして、ヨーロッパ駐在体験の長い曾紀澤と接触しながら、総理衙門の姿勢を軟化させるべく努めた。

これに対して日本本国の井上馨外務大臣は欧米との条約改正を円滑に行うための日清交渉、という態度を隠そうとしなかった。この時井上が重視したのは関税の問題であった。欧米が日本の輸入税引き上げに同意しても、清朝が同意しなければ清朝のみ貿易条件が有利になってしまう。しかも、欧米が最恵国待遇によって日清間の税率に均霑すると、税率は据え置かれてしまう。井上は新しい関税率を清朝も認めるよう徐承祖公使に要請した。宍戸公使の時と異なり、塩田には独自に交渉を進める余地が大きかったが、その分日本本国との意思疎通が不充分になることがあった。塩田は関税率の清朝への適応問題は欧米と税率についての合意が成立してからでよいと考え、それ以外の論点について交渉することを総理衙門に要求した〔『日外』一九巻、一八四〜一八五頁〕。交渉を進める上では塩田の考えの方が有効であった。七月四日、総理衙門は塩田との会見において、関税の討議を後回しにすることを前提に、正式な交渉開始に同意した。

2　法権回復交渉の進展（東京）と条規改正交渉の混乱（北京）

欧米との条約改正交渉が進展することで、塩田と本省との齟齬は拡大する。東京の条約改正会議においては、六月一五日、日本の内諾の下にイギリス・ドイツ委員による英独共同修正案が提出され、各国委員に新たな原案として承認された。批准二年後に内地開放、その三年後に（法典が整備されていれば）領事裁判撤廃、とするものである。領事裁判撤廃の日程を明確に定めた案が討議の基礎として認められたのである。

八月に長崎事件が起きると日清交渉は中断した。翌八七年二月にようやく解決し、交渉が再開されることとなった。東京では欧米との交渉が最終段階に至っており、四月には会議において裁判管轄についての条約案が合意された。

このような状況を受け、井上は専条を清朝に了解させるよう塩田に強く命じた。欧米の領事裁判が撤廃された後にも清朝の領事裁判が残存する状態を避けるためである。そのような状態に陥っても、最恵国待遇による均霑を要求しないことにイギリスは合意した。他の欧米諸国もこれに倣うであろう。しかし、欧米人と華人の間で紛争があった場合の裁判管轄については、日本裁判所を評価する欧米人と清朝の領事裁判権の双方を満足させる配分を協定するのは容易ではないというのである〔『日外』二〇巻、一三一～一三二頁〕。欧米に対する法権回復が目前となった結果、対清交渉においても、行政権回復のアイディアを中心とする草案本体より、専条の優先順位が一層高くなったのである。

塩田への要求水準は高くなったが、彼は井上の指示に応えて交渉した。総理衙門は、専条に正式に調印することは拒否したが、専条の趣旨を公文の交換によって約束するのは可能であるという立場をとった〔『日外』二〇巻、一四六頁〕。

草案本体についての交渉も有望に見えた。四月二二日、塩田と総理衙門との会見において、曾紀澤は口頭で日本側改正案への逐条的な応答を与えた。専条や第八款（条）などへの返答は後日に回すとしつつ、例えばアヘンについては条文化には難色を示すものの日本の「罰法」に従うと述べ、現地国の通商章程の遵守などについても包括的な均霑（恐らく内地通商権のことであろう）を含意しないならば大きな異論はなかった〔『日外』二〇巻、一四七～一五〇頁・『李文忠公全集』「訳署函稿」巻一九、一～二葉〕。井上・塩田双方の要求が概ね満たされるかに見えた。

しかし井上と塩田の路線対立が消滅していたわけではなく、例えば清朝側のアヘン政策をめぐって顕在化した。この頃、一八八五年七月一八日に曾紀澤（当時駐英公使）がイギリス政府と調印した、アヘンへの課税についての協定（一八七六年芝罘条約の追加協定）の実施が外交問題となっていた。この協定は、アヘン輸入時に一定の釐金を払えば内地では徴収されないというものであった。清英間のみで成立した合意の実施を第三国が受け入れるか否かが争点であった。

上海の領事団では、前例としないことを条件に協定の実施を認める意見が主流であった。塩田も、日本の条規改正要求の趣旨に鑑みて容認すべきであると請訓した。日本国内の行政権確立を重視する塩田は、清朝の国内統治にもなるべく協力しようとしたのである。

しかし上海領事の河上謹は強硬論を唱え、井上もこれを支持した。前述の曾紀澤の逐条回答の三日後に、塩田は協定の日本居留民への実施を拒否する旨を総理衙門に通知しなければならなかった〔「英清両国間芝罘条約中鴉片煙厘税追加規則施行ニ関シ帝国政府弁明一件」〕。

そして対欧米条約改正の展望が失われ、専条に対する清朝の態度が硬化すると、専条をどれ程重視するかをめぐる塩田と本省との温度差も顕在化していく。

井上の対欧米条約改正案は日本政府内で強い反対を受けており、七月二九日には交渉の無期延期を欧米条約国に通告せざるを得なくなった。井上案とそれをめぐる政府内対立を知って政府の外交を批判する世論が高まり、三大事件建白運動・大同団結運動の高揚を招いた。欧米と日本国内の双方が同意できる条約改正は当分困難に見えた。

この間、総理衙門の態度も消極化した。六月五日の会見では専条の趣旨について難色を示しだし、曾紀澤も「微笑」を浮かべながら欧米との条約改正を終えてから清朝に交渉してはどうか、と発言した。また、曾紀澤や廖寿恒は、これまで論点としていなかった琉球問題に言及し始めた〔『日外』二〇巻、一六三〜一六八頁〕。

そして六月一七日、条規改正についてようやく総理衙門より正式な対案が交付された〔『日外』二〇巻、一七四〜一七八頁〕。土地建物についての規則や通商章程などの遵守は受け入れられたが、規則一般の遵守や罰則の適応は認められなかった。アヘン吸引は清朝の法により清朝領事が罰するとされた。有効期限は日本案の五年ではなく十年とされた。塩田は、専条にかかわる公文が認められなかったことに憤慨したが、総理衙門の回答はいくつかの改悪はあったものの全体として四月二二日の曾紀澤回答を踏襲していると井上に報告し、総理衙門に対しても概ね満足であると述べた〔『日外』二〇巻、一七二頁・同二一巻、四七頁〕。専条にほぼ関心を集中させている本国との温度差は明らかであった。

欧米との条約改正の失敗を受けて、井上は外務大臣を辞任した。後任の伊藤博文臨時外務大臣・大隈重信外務大臣も、専条と短い有効期限は交渉妥結の絶対条件であるとした。

一方、総理衙門は専条の趣旨の公文を交換できるという姿勢を示すこともあったが、一八八八年五月二日の会見において、明確に拒否するに至った〔『日外』二一巻、四六、五四、七五頁〕。

塩田は大隈外相に対しても専条と有効期限にこだわらないよう求め、草案作成の際に自分が主張したように「小改正」で満足すべきであると助言した〔『日外』二一巻、八七～九二頁〕。しかし、本国の考えは変わらなかった。九月二一日、塩田は総理衙門に対し日清修好条規の改正交渉を打ち切ることを通告した。この通告の中で、日本はいつでも交渉を再開する権利を有することを主張し、総理衙門の確認を求めた。総理衙門はこれを確認した。交渉再開への障害がなくなったことが、塩田の唯一の成果であった。しかし皮肉なことに、日本はその後清朝と条規改正交渉をしなかった。清朝との調整を放棄したまま、九〇年代半ば以降に欧米との条約改正を達成していくのである。

3　隘　路

本国外務省の方針は、欧米との条約改正の結果を、結果が分かる前から清朝にも受け入れさせようというものであり、清朝の同意を得る可能性は低かった。

これに対し塩田は、日清間に内在し、かつ共有される課題として、法律規則の適用や逮捕・処罰権といった領域で互いの主権を尊重することを前面に押し出して交渉しようとした。とはいえ、塩田の路線の可能性をいたずらに惜しむのも適当ではない。

領事裁判の存在を前提とする場合、行政権の回復は領事本国と現地国官憲との間の権限や規則適用の配分を必要とする。権利意識の強い欧米に対する行政権回復要求において、日本は複雑で困難な交渉を強いられ、その経験から一挙に領事裁判撤廃に跳躍することになった。これに対して清朝との行政権回復交渉は、清朝が複雑さに対応できない、あるいはしない、という別の困難があった。日清の法律・規則・犯罪の分類の違いや現行犯・非現行犯といった概念の説明に塩田は苦労した〔『日外』二一巻、六四、七六頁〕。それは塩田も予想したことであり、草案作成の段階で塩田が薦めた「小改正」とは、「可成彼ノ頑固ナル清官ノ会得シ易ク又承諾シ得ラルヘキ様簡単ニシテ変更多カラサル小改正」であった。だが、簡単かつ僅少な修正というのは行政権回復の本質に矛盾する。結局、草案も交渉もかなり複雑であり、清朝が了承した項目は限られ、ただでさえ地味な行政権回復交渉への日本本国の評価はますます低くなった。

さらに、日本の過剰な行政活動が清朝側を刺激し、行政権回復交渉の障害となった。塩田によれば、前述の長崎アヘン事件の詳細を知ったことが一因で、総理衙門は家屋内に立ち入ってのアヘン吸引の取り締まりを認めなくなったという〔『日外』二一巻、七六頁〕。

しかし大隈外相が塩田の達成に対する批判の中で最初かつ最大の疑問を呈したのは、大隈自身が長年携わった税関行政についてであった〔『日外』二一巻、九二〜九四頁〕。現地国の通商章程を遵守することに総理衙門は同意していたが、通商章程を遵守するからといって、その下位にある税関（海関）規則や、そこに含まれる関税率を遵守するとは限らない、というのが大隈の危惧であった。第一節で述べたように、通商章程第三一款は、通商章程とは別に海関規則が存在し、かつそれが「変通」することを前提にしているので、大隈の危惧には一定の根拠があった。欧米と日本の条約においては、条約附随の貿易規則（日米修好通商条約第十一条では“Regulation of Trade”）とは別に税関規則一般について規定することはなかった。条約・貿易規則の目的を達するために、日本による、あるいは外交交渉による個別の規則の制定を命じ、許容するのみであった。条約と貿易規則が同じ効力を持って税関行政をなるべく広くカバーする、そのことで確実に貿易を実施させる、という考え方が強かった。

日清修好条規においても、条規と通商章程が同様の効力を持つことが謳われている。しかし同時に、改正規定は通商章程に記されており、条規本体は永久に維持されるという清朝側の主張に道を開いていた。そして章程とは別に海関規則が存在し、既存の海関規則は遵守するとともに（第十一款）、海関規則が「変通」した場合は国家間の正規の外交交渉の前に、まず領事が公使に申し立てるという形で談判を始め、適宜対処するということになっていた（第三一款）。日清間のルールは、条規・章程・海関規則という成層からなる柔構造であり、末端の海関規則については日本の自由を相当認めていたが、この自由を条約レベルで明文化するのは容易ではなかったといえよう。

かたやこれに挑む日本側の改正要求は軋轢をはらんだ成層であり、時と共に柔軟性を失っていった。統一的な国内行政への日本の願望は、欧米と清朝に対する度重なる交渉の原動力であった。しかし行政権回復、特に華人に対するそれには固有の諸困難が存在した。しかも対欧米条約改正との調整が必要であった。さらに対欧米条約改正の内容が行政権回復から脱皮したことで、より高度な調整が必要となった。日本は、これらの要請をどう序列化するかの方針すら確立し得ないまま、挫折したのである。

四 影響

条規改正の挫折は、日本の条約改正交渉にどのような影響を与えたか。

清朝との調整が未決であることは、日本が欧米との条約改正を進める上でたしかに深刻な不確定要因となったであろう。清朝があくまで日本における領事裁判を継続させれば、既に述べたように欧米人との権利の調整は容易ではなかった。しかし日本の条約改正のプロセスの中で、欧米・日本と清朝が文明化の進度において別格であることは欧米側の通念となっていた。したがって、基本的には技術的な困難として日本と協力して解決しようとしたであろう。塩田は総理衙門に対して、専条の趣旨が容れられなくても「左マテ困却ト云フニモ非ス」〔『日外』二〇巻、一六七頁〕と明言した。日本側の弱みをさらしたくないからであろうが、ある程度塩田の本心でもあったと思われる。

関税の問題はより技術的であるが、より困難であったかもしれない。清朝に対する輸入税率が据え置かれたままであれば、特にイギリスは輸入税率の引き上げに難色を示すはずであった〔Nish, 1989, pp. 72-74〕。とはいえ、欧米との関税引き上げの内容が確定した後であれば、恐らく清朝も抵抗せずにこれを受け入れたであろうから、困難はやはり技術的なものにとどまった可能性が高い。だからこそ、日本と欧米は清朝要因について展望を持ち得ないまま、日常的にはこれにとらわれず条約改正交渉に従事していたのであろう。

条規改正交渉の影響は、むしろ日清関係そのものに対して深刻であったのかもしれない。

日清修好条規に追加・改正を加えるか否かという問題はもともと、近代主権国家としての支配を領土内に確立しようという国が清朝の東隣に現れたところから始まった。元来、清朝は在外華人の権利への関心が相対的に弱かったが、日本の行政権の追究や条規改正要求は、次第に清朝の関心を助長することになった。

しかしこれは日本に対する限り、必ずしも清朝の対外交渉を近代国家のスタンダードに近づけるものではなかった。版図内での外国人・華人に対する統治が様々な障壁に直面する中、清朝政府が進めようとしたのが理事官派遣による在外華人の保護であった。ところが、清朝において強まった権利意識は、日本に対しては領事裁判に基づく既得権を維持する、という防御的なものにしかなり得なかった。そして、自らには欧米との条約を対等化する可能性が当分ないことを強調することで、専条が日本側の利益にしかならないことを批判した。こうして専条を拒否することで、将来自らが欧米に対して条約改正を行う道も狭めたのである。

欧米との交渉の結果を一方的に清朝に適用しようとする日本の手法は、明らかに清朝を軽視したものであった。同時に、必要に迫られてもおり、日清が「唇歯《しんし》」の間柄であることに訴えた。しかし既に日本側の都合で空洞化している「唇歯」論に清朝側は応えなかった。「微笑ヲ帯ヒテ」（曾紀澤）「満面微笑ヲ含ミ」（徐用儀）、欧米との条約改正をまず終えるよう諭し〔『日外』二〇巻、一六七頁・同二一巻、八四頁〕、日本側の弱みを抉ったのである。

そして、琉球や朝鮮をめぐる日本との軍事的・外交的緊張が日清交渉を困難にしていた。同時に、周辺地域をめぐる対立は交渉を慢性化させた理由でもあった。積極的に日本と開戦する意思のない清朝としては、条規改正交渉はこれらの問題を解決する契機となり得たからである。したがって、条規改正交渉における清朝の態度は、交渉を忌避するというよりは、交渉に意義を見出しつつ交渉妥結を忌避するというものであった。既に曾紀澤のような西洋的な行動様式を身につけた交渉担当者の存在もあり、交渉が円滑に進むこともあった。しかしそれが後になって事実上破棄されたり覆されたりすることが繰り返された。その結果、清朝の交渉スタイルとして欧米や日本から非難されていた、頑固で退嬰的・背信的といった特徴がより鮮やかに演出されることになった。総理衙門と李鴻章の関係はたしかに不可解な印象を与えたが、東京の外務省と北京の日本公使館の関係も不安定であった。後者は十分に記憶されたとはいえない。

日本が（欧米との条約改正が実現するまでは）条規改正を断念した結果、日清間の課題は周辺地域をめぐる利害調整に集約された。それを支える制度的枠組みは天津条約であった。しかし天津条約の運用を支えるはずの精神は、もう一つの条約——日清修好条規——の改正交渉の中で通用力を失っており、長期にわたる不愉快な折衝の記憶のみが残されていたのである。

第II部

「洋務」の時代

第四章　在外領事像の模索

——領事派遣開始前後の設置論——

青山治世

はじめに

清朝の対外関係処理システムの本格的な変化は、王都北京を攻略された第二次アヘン戦争（一八五六〜六〇年）を直接的な契機とする。総理衙門が一八六一年に設置されたのがそのもっとも大きな変化であり、その下には貿易・関税などを管理する総税務司や人材養成を行う同文館（一八六二年開設）が置かれた。第二次アヘン戦争はまた、中国の対外的なヒトやモノの移動をも促進し、戦後、対外貿易額が増大するとともに、条約によって開港された沿岸・沿江の諸都市に渡来して商業や布教活動に従事する欧米人の数も急増した。他方、中国から海外に渡航する華人の数も第二次アヘン戦争後に急激に増加する。それ以前の一八四〇年代から、東南アジアや中南米におけるプランテーション農業や鉱山経営、アメリカにおける金鉱採掘や鉄道建設などによる労働力に対する需要の拡大や、中国東南沿岸地域における人口過剰とそれに伴う経済的困窮による出国圧力の増大などにより、華人の出国はかつてない規模で増加していたが、第二次アヘン戦争の結果結ばれた清英北京協定第五条により、それまで法律上禁止されていた華人の海外渡航が、事実上「合法化」されたことは、在外華人のさらなる増加につながった。

それまで清朝はいわゆる「棄民」政策を採り、海外に渡航した華人に対しては、管理も保護も行っていなかった。しかし、太平天国の乱も終息した一八六〇年代後半以降、清朝政府内では海外に渡航した華人の経済力や技術力に注目し、彼らを保護することによってその力量を清朝本国のために活用しようとする議論が少しずつ現れてくる〔Yen, 1985, 荘 一九八九〕。七〇年代に入ると、キューバやペルーの華工（華人労働者）に対する保護問題や日本の台湾出兵（一八七四年）を契機に、在外領事の派遣は現実の政策課題として清朝政府内において本格的に議論されるようになり〔箱田 二〇〇二〕、一八七六年以降の在外公使の派遣開始に伴い、在外領事の派遣・設置も徐々に進められていくことになる。(1)

しかし、清朝の在外領事の設置・拡大は、決してスムーズに進んだわけではない。その最大の原因は、外国側、特に中国が「南洋」とよんだ地域（現在の東南アジアとオセアニアに相当）のほとんどを領有・統治していた西洋の植民地宗主国が、清朝領事の受け入れに難色を示したことであった。しかしその一方で、清朝内にも在外領事の拡大を懸念する声が存在し、そうした声は清朝が在外領事を増設していくうえで、大きなブレーキとなった。

清末の在外領事設置問題を議論するには大きく分けて二つの論点があり、それをめぐり領事の設置が有用であるか否かの議論が繰り返されてきた。その一つは経費に関する問題であり、もう一つは職権に関する問題であった。そうした対立は、単なる積極論と消極論の対立というだけでなく、当時の清朝の官僚間における在外華人や国際関係、あるいは国際法などに対する認識・知識の差異がその背景には存在していた。日清戦争以前に活躍した清朝の著名な外交官僚である薛福成の論説「中国の公法外に在るの害を論ず」〔『庸盦海外文編』巻三、一五〜一六葉〕を見てもわかるとおり、清朝にとっての在外領事設置問題は、まさに「洋務」期の対外関係の機微を象徴する重要な外交課題であったのである。(2)

清末における在外領事の設置をめぐる議論では、設置する清朝領事の性格や職務がしばしば問題とされたが、まずここで、そうした点を中心に、清末の在外領事の特徴についてまとめておきたい。

清朝が設置した在外領事の職責は、海外における商務と僑務（在外華人に関する事務）を処理することにあるとされ〔王 一九九一、一三二頁〕、その点、通商面での役割を重視する西洋諸国とは設置目的が異なっており、そのことは、初代駐英公使の郭嵩燾が述べているとおり、在外領事の派遣開始当初からすでに認識されていた〔『清季外交史料』巻一一、一三～一四葉〕。僑務の具体的な内容は、同じく郭嵩燾が述べたとおり、在外華人に対する保護と統制であり、一九世紀後半における華人の大量出国という事態からみれば、それは必然的な成り行きであった。そのため、西洋諸国や日本が同時期に海外に設置していた領事が負っていた通商情報の獲得や報告等の職務は、ほとんど重視されていなかった。しかし、領事派遣が開始された当初においても、西洋の在華領事が有する領事裁判権などの権限が伴わない以上、在外華人に対する保護や統制などの効果はあまり期待せず、領事には商務の処理に専念させるべきとする王韜らの意見も存在していた〔『弢園文録外編』巻二・巻三、「設官泰西上」「設官泰西下」「設領事」〕。

一九世紀末までの時期に実際に海外に設置された清朝領事の職務を大きくまとめると次の六点になる。

①華人虐待事件への対処（現地での調査、公使への報告、現地当局との交渉）
②現地華人の登記や船牌（船舶登録証）の発給
③遭難者や物故者の遺体の本国への送還
④帰国者への「護照」の発給
⑤国内で発生した飢饉や災害に対する募金活動

⑥文化事業（現地華人に対する中国文化の教育）

そのほか、一八七一年に締結された日清修好条規の規定に基づいて、清朝の在日公館の設置（一八七八年）から日清戦争勃発時（一八九四年）までに日本に駐在した清朝の理事官（領事に相当）は、在日華人に対して刑事事件に限った部分的な裁判権を有し、実際に裁判を行っていた。また、二〇世紀に入ると、康有為・梁啓超らの保皇派や孫文らの革命派への協力者の取り締まりや、通商報告などの職務が新たに加わることになる。

清朝による在外領事の設置、なかんずく「南洋」地域における清朝領事の増設・拡大が進まなかった要因について、荘国土は、西洋諸国側による抵抗以外に、清朝側の認識や体制にも問題があったと指摘する。その主な理由としては、①領事設置の意義に対する認識が不足していたこと、②領事設置への推進力が不足し時機を失したこと、③在外使節の配置を誤ったこと（多くの在外公使が数ヵ国の公使を兼任し、時機に応じた迅速な交渉が行えなかった）と、外交権が分散し領事設置問題について多くの機関が関与していたために、責任を持ってこの問題を専門的に処理する者がいなかったこと、を挙げている〔荘 二〇〇六、八三～八五頁〕。こうした清朝側の問題点に対する整理に誤りはないように見える。しかし、③は領事設置問題に限った話ではないので措くとしても、①や②については、ではなぜそうした認識の不足が生じたのか、何故に領事設置への推進力が不足し時機を失することになってしまったのか、という具体的な考察はいまだに行われていない。

清末における領事設置論の展開については、日本においてすでに箱田恵子が、一八六〇年代～七〇年代、つまり在外領事の派遣が開始される以前を中心に、外交史研究の視点から論じている〔箱田 二〇〇二〕。また、園田節子は、南北アメリカ在住華人の保護問題との関係から論じられた官・民における領事設置論の展開について、七〇年代後半～九〇年代前半を対象に考察している〔園田 一九九八、第三章〕。そこで本章では、在外領事の派遣が実際に始まって以降、清朝内における在外領事の設置に対する認識がいかに変化し、それがどのように領事設置をめぐる政策議論に反映していったかを、日清戦争以前の清朝官僚の言説、特に清朝領事の設置がなかなか進まなかった「南洋」地域における領事設置に関わる議論を中心に考察することとしたい。

一　在外領事の派遣開始と領事論の変化

清朝政府の在外領事設置問題への態度や取り組みについては、華僑政策史を中心とした既存の研究においても、清朝側の財政難や消極的態度のために領事設置による在外華人の保護は進展しなかったとされていた。なかでも余定邦は、当時の李鴻章側の発言にみられる「無用な摩擦を起こす（無事生擾）だけ」との姿勢が、清朝政府が「長期にわたってあえて自主的に海外において領事を設置し華僑を保護しなかった根本的な原因である」と断じた（余＝喩一九九九、四三七頁）。たしかに、経費不足や西洋諸国との摩擦回避のために、一八八〇年前後の時期に、李鴻章ら清朝政府側が、特に「南洋」地域への領事派遣に対して慎重な態度を採っていたことは間違いない。ただ、清朝政府の各官僚の意見や立場はそれぞれ異なっており、領事設置問題に対する見方も、消極論や積極論のみでは片付けられない差異がそこにはあった。この「無事生擾」という言辞についても、そのような官僚間の認識や立場の相違を無視しては、彼らがそこに込めた真意も読み違えてしまう。

本節では、実際に在外領事の設置が開始された直後の一八七〇年代末の清朝政府内における領事論の展開とその特徴について、初代駐英公使の郭嵩燾とその後任の曾紀澤、そして北洋大臣として当時の清朝の外政に重きをなしていた李鴻章（およびその幕僚であった薛福成）の言説をもとに考察し、彼らの言説のなかに現れる「無事生擾」という言辞が、いかなる文脈において語られたものであったかについて検討していきたい。そうした考察を通して、当時の清朝政府の領事設置問題に対する認識や態度が複層的なものであったことが明らかとなろう。

1 郭嵩燾の領事設置建議

清朝政府内において在外領事の派遣について初めて本格的な議論がなされたのは、一八七五年であった。これは前年の日本による台湾出兵をきっかけにして起こったいわゆる「海防論議」のなかから出てきたものであり、その主なものは、福建巡撫王凱泰、南洋大臣(両江総督)李宗羲、北洋大臣(直隷総督)李鴻章らによる提言である。そして翌七六年に派遣された初代駐英公使郭嵩燾[3]により在シンガポール領事の設置が建議され、本国の総理衙門の基本的な同意とイギリス政府の許可を経て、七八年に正式に開設される。

在シンガポール領事の設置を建議した郭嵩燾の上奏〔『清季外交史料』巻一一、一三~一五葉〕は、既存の研究においてすでに何度も取り上げられている。それらの研究では、①通商を国づくりの根幹としている西洋諸国においては、領事の設置が重視されていること、②中国はこうした西洋諸国とは異なるため、民間人の請願を聞き入れて領事を設置するとはいえ、そのために経費を多く支出する必要はないこと、③よって、現地の富商である胡璇澤を領事に任命すれば、領事館の開設経費を支給するだけで、給与等の経費は支出しなくてもすむこと、などの郭嵩燾の言説が注目されてきた〔余＝喩 一九九九、四三一頁・任 二〇〇二、一〇六頁ほか〕。

また日本では、安井三吉がこの郭嵩燾の上奏文で述べられている在外領事の設置目的に注目し、部分的に訳出・紹介している〔安井 二〇〇五、一四~一五頁〕。郭嵩燾が述べる領事の設置目的は、「商民の保護」と「統制・監督」であり、これらは特に目新しいものではない。しかし、二点目の「統制・監督」が可能である理由として、アメリカやイギリスは在住華人に対する措置に若干の差異はあるものの、ともに統治下の華人を優遇しており、清朝領事の在外華人に対する統制や監督は別段難しいことではない、と述べている点は特徴的である。こうした見方は、建議にあたりできるだけマイナス要因を小さく見せようとしたことによるものかもしれないが、いささか楽観的にすぎたといわざるを得ない。なぜなら、特にイギリスは、一八八二年以降、海峡植民地当局が清朝領事による船牌の交付やその発行料の徴収、あるいは在住華人に対する寄付金の募集などについて繰り返し抗議し、清朝領事の活動をできるだけ制限しようとするようになるからである〔林 一九七二〕。こうした具体的な問題点が顕在化するのは、一八八〇年代に入って以降のことであるが、それ以前においても、すでに在外領事の職能に限界を感じ、その増設に対して慎重な意見が現れるようになっていた。

2　曾紀澤の領事不拡大論

一八七九年一月、郭嵩燾の後任の駐英公使としてロンドンに着任した曾紀澤は、同年七月四日付の総理衙門宛の書簡のなかで、フランス領となっていたベトナム南部のサイゴンに領事を派遣することを建議する〔『曾恵敏公遺集』「文集」巻三、六〜七葉〕。これは、郭嵩燾が帰国途中に立ち寄ったサイゴンで、現地の華人から領事設置の要望を受け〔『郭嵩燾日記』光緒五年二月二十三日の条、八一一頁〕、帰国後まもなく総理衙門に在サイゴン領事の設置を建議したことを受けた動きであろうが〔「郭嵩燾未刊書札」一〇〜一一頁〕、曾紀澤の領事設置論は、郭嵩燾とは打って変わった慎重なものとなっていた。それは、西洋諸国による反対への懸念というよりも、領事の職能について彼が極めて抑制的な見解を有していたことによる。彼はサイゴンでは人頭税が大変重く、在住華人たちが圧迫を受けていることを紹介したうえで、「そうした状況は断じて中国の一領事が挽回できるようなものではない。またその地はすでにフランスの直轄地となっており、中国の公使や領事が軽々しく文句をつけてその徴税や政務に干渉する道理はない」と指摘している。

しかし曾紀澤は、それでもサイゴンに領事を設置することには三つの「微益」があると訴える。それを簡単にまとめると次の三点になる。

①領事を派遣することで、西洋諸国に対して清朝が在外華人問題に関心を持っていることを示すことができる。

②徴税以外のことは小さな事柄であり、領事一人を駐在させれば、華人商人を様々な不利益から保護することができる。

③領事に現地の情況を直接見聞させ、公使や本国に常に報告させれば、フランス側は華人を差別的に扱うことを少しは憚《はばか》るようになる。

曾紀澤は、在サイゴン領事の設置を提言する一方で、在シンガポール領事の機能拡充にも着手し、胡璇澤の死去(一八八〇年)後、代理のままとなっていた在シンガポール領事に、駐英公使館の翻訳官(通訳官)であった左秉隆を任命し派遣する(一八八一年)。このように、シンガポールやサイゴンにおける領事の設置や機能拡大には積極的であった曾紀澤も、領事館の大規模な増設には反対する姿勢を示していた。

一八七九年八月二九日付の総理衙門宛の書簡において、イギリス領モーリシャス在住の華商から領事設置の請願があったことを伝えた曾紀澤は、

もしあちこちすべてに領事を増設すれば、経費をまかなうことが難しくなる(経費難籌)ばかりか、無用な摩擦をも引き起こしてしまう(無事生擾)。イギリスの植民地では、すべて立派な官吏や有能な軍人がいて華人らを統制しているので、わが中国の領事は(彼らの)政務に干渉することはできない。(そのうえ)気の荒い者

たちが口論を起こし、軟弱無能の者たちが軽侮に染まれば、（領事を増設しても）損をするだけで利益はなく、やめたほうがよい。

と述べ、モーリシャスにおける領事の設置に反対する意見を伝え、在外領事の増設そのものにも慎重な姿勢を示した。またそれにつづいて、バタヴィア（現在のジャカルタ）にも領事を増設してほしいと上申してきた温宗彦（一八七九年に輪船招商局から派遣されシンガポール分局を開設）に対しても、上記と同様の返事をしておいたと述べたうえで、バタヴィアなどは「重要でない地域の孤島（にある街）であり、要衝の地にあるうえ居留する華人が十数万人、数十万人もいるシンガポールやサイゴンなどとは、状況が異なる」として、オランダ領東インド植民地における領事の増設についても、反対する姿勢を示した〔以上、『曾恵敏公遺集』「文集」巻三、七〜八葉〕。

つづいて曾紀澤は、李鴻章にもモーリシャスにおける領事設置の件について書簡を送っているが、そこでは、先に総理衙門に伝えたような明確な反対意見は述べていない。だが、最後に「（モーリシャスの）ポート・ルイスの華人はシンガポールやオーストラリアの十分の一にも満たない」と述べ、同地への領事設置についてはやはり消極的な姿勢を示していた〔『薛福成日記』光緒五年九月初八日の条、二八四頁〕。

3 李鴻章（薛福成）の返書

これに応えて李鴻章が曾紀澤に送った返書が、余定邦が清朝政府の領事設置に対する消極姿勢を示す史料として引用した「代李伯相復曾星使書」である〔『庸盦文別集』一三八〜一三九頁〕[4]。この書簡のなかで李鴻章（薛福成）は、かつて在シンガポール領事を設置するために清朝側（特に郭嵩燾）が気力を費やしたことや、すでに要求しているオーストラリアにおける領事設置についても、いまだ実現していないことを挙げるとともに、西洋諸国の在華領事が有する〔領事裁判権などの〕権限は国際法を超越したものであり、清朝がこれを援用しようとしても効果は見込めず、かえって摩擦と混乱をもたらすだけであるとの見方を示していた。また同時に、中国は将来自強して条約を改正し、西洋領事のこの過大な権限を撤廃することを目指すべきであるとの考えも示していた。

曾紀澤ほどの慎重論ではないものの、領事の増設を楽観視しない点は李鴻章（薛福成）側も同じである。しかし、曾紀澤と李鴻章（薛福成）との間には大きく異なる点が一つあった。それは、前述したとおり曾紀澤が、「もしあちこちすべてに領事を増設すれば、経費をまかなうことが難しくなる（経費難籌）ばかりか、無用な摩擦をも引き起こしてしまう（無事生擾）」と述べたのに対し、李鴻章（薛福成）は、「もし領事を増設しても現地の華人を管理することができなければ、経費をまかなうことが難しくなる（経費難籌）ばかりか、無用な摩擦を引き起こすことになってしまう（無事生擾）」と述べている点である。つまり、同じ「経費難籌、無事生擾」という言葉を用いていても、曾紀澤は単に領事増設のマイナス面を強調しているのに対し、李鴻章側は「華人の管理」の成否によっては、領事の増設はただ忌避するだけのものではないということに、含みを残す表現となっているのである。

ここにいう「華人の管理」とは、領事裁判権を想起させるような「管理」ではなく、西洋諸国間で通常行われている領事による在外邦人の管理や、あるいは領事が在外華人に各種の登記を行わせその手続料を徴収したり、領事経費に充てるための寄付金を募集することなども含まれていたと思われる[5]。李鴻章（薛福成）らは、そうした「華人の管理」さえうまくいけば、領事経費は確保され、在住華人をめぐる西洋側との無用な摩擦も回避できるとみたのである。この書簡が書かれた一八七九年秋は、まだ在シンガポール領事館での船牌発給などの各種手数料の徴収による収入も順調で〔『清代中国与東南亜各国関係檔案史料彙編』二一八頁〕、八二年に起きるような船牌発給の停止をめぐるイギリス海峡植民地当局との摩擦もいまだ生じておらず〔林 一九七二、二二〇〜二二一頁〕、「華人の管理」さえうまくいけば、領事の増設は闇雲に忌避すべきものではないとの期待がまだ存在していたのである。

以上見たように、「無事生擾」とは、単に清朝側の消極姿勢を示すものではなく、余定邦が直接引いた李鴻章（薛福成）側の史料では、かえって領事増設への期待をにじませてこの言葉が使われていた。さらにいえば、李鴻章（薛福成）側は、最初に曾紀澤が総理衙門宛の書簡のなかで用いた「無事生擾」を逆手にとり、曾紀澤の消極姿勢を暗に批判したともとれる。後年の史料になるが、薛福成は、歴代の在外公使をランキングして批評した文章のなかで、曾紀澤を第一位に列している。しかし、「ただその持論には少し躊躇するところもあり、領事を多く設置することは無益であると終始主張したことは、責任逃れであったといわざるを得ない。これは彼が聡明すぎたための失敗であろう」と、その評価すべき外交活動のなかで、領事の増設に消極的であったことについてのみ否定的な評価を下している（『出使日記続刻』光緒十九年八月初三日の条）。残された史料や薛福成の関与という点から判断すれば、薛福成はここでみた一八七九年の曾紀澤の領事論について、その消極姿勢を批判しているとみてよいであろう。

二 一八八〇年代の領事設置論の展開

1 李鴻章の領事論

しかし、一八八一年になると、李鴻章の領事認識は若干変化する。それは設置から三年近くが過ぎた在シンガポール領事の効果があまり上がっていないことが影響していた。そのころの李鴻章の領事設置に対する認識を示す史料に、李鴻章が王闓運（成都尊経書院山長）に送った書簡がある（一八八一年一月二二日付）（『李文忠公全集』「朋僚函稿」巻一九、四二～四三葉〕。関係する部分を引用しよう。

南洋各島にことごとく領事を設置する件については、昨今洋務を語る者の多くが、この論を唱えている。私も以前シンガポールに領事を設置することを郭嵩燾に勧めたが、この事業はあまり成果が上がっていないようだ。思うに、西洋の国は行政権が領域内に均質に行きわたっているので、植民地であろうとも、どこの国の公使や領事であっても、少しもその権限（行政権や管轄権）を分け与えてもらうことはできない。（そのうえ）わが国の福建人や広東人のなかで長くそれらの植民地に居住している者も、その統制に慣れ、あえて反抗しようとはしなくなっている。

李鴻章がここで問題視したのは、「南洋」に派遣する領事に「領事裁判権」を持たせるかのような意見であり、領事派遣の効果については、在シンガポール領事の設置を進めていた時期よりは過大視していないものの、領事の設置そのものに反対だったわけではなかった。

この書簡が書かれた前年（一八八〇年）、総理衙門、李鴻章、駐アメリカ・スペイン・ペルー公使の陳蘭彬らは、協力してフィリピンにおける領事設置とそのための調査団の派遣を検討していた〔荘 一九八九、一八五～一八六頁〕。李鴻章は、一八八〇年代初頭から在マニラ領事の設置に取り組み、八六年に両広総督張之洞が「南洋」領事増設計画を提起して以降も〔青山 二〇〇五〕、在マニラ総領事の設置については積極的に推進する姿勢を示していた〔『李文忠公全集』「電稿」巻七、四九葉〕。李鴻章が在マニラ領事の設置に関心を示した理由について、ウィックバーグ（Edgar Wickberg）は、輪船招商局がマニラと中国沿海の間で貨物輸送を開始し、その事業を拡大させるのに領事を活用しようとしたこと、フィリピン在住華人を含む多くの在外華人からの本国の飢饉や海防への寄付を期待していたこと、を挙げている〔Wickberg, 1965, p. 233〕。

しかし、一八八六年のフランスとの越南通商条約の交渉時には、八五年の天津条約の規定に基づいてベトナム北部の主要都市における領事の設置を推進する一方で、大規模な増設には財政難を理由に消極的な姿勢を示し、「(同条約)第二条において、先にハノイ、ハイフォンの二カ所に領事を設置して、その他の各都市はその後随時協議のうえ派遣すると明記させたのは、(領事派遣の)主導権を清朝側が握るためである」〔『李文忠公全集』「奏稿」巻五六、二一葉〕と述べている。ここからもわかるように、李鴻章は決して財政面や西洋諸国との摩擦を回避するためだけに、領事の増設に慎重であったわけではなく、清朝にとって有益となる領事の派遣を、限られた財源のなかで効果的に行おうとしていたのである。

2　在シンガポール領事左秉隆の提言

若干時間を前に戻し、一八八二年頃に現れた領事増設論について確認しておきたい。その領事増設論とは、駐英公使曾紀澤によって抜擢され、官僚として初の在シンガポール領事となった左秉隆によるそれである。ここで、左秉隆の議論を取り上げるのは、管見の限り、それが具体的な理論と方法を備えた初めての領事増設論であったからである。

一八八二年初め、福建省出身の広西候補知府であった李勉がバタヴィア在住の華人たちの要望を受け、オランダ領への領事設置を求める陳情書を両江総督左宗棠に提出した。これを受けて左宗棠は、この李勉の陳情書を総理衙門と曾紀澤に送り、曾紀澤に対しては在シンガポール領事の左秉隆からも意見を徴するよう促している〔Yen, 1985, p. 178〕。意見を求められた左秉隆は、一八八二年一〇月二七日付の報告書において、清朝が領事を設置する際の問題点を整理したうえで、バタヴィアのみならずオランダ領東インド全域に領事を増設すべきであるとする提言を行い、その具体的な増設案を提示した〔『駐徳使館檔案鈔』二七三〜二八二頁〕。

まず左秉隆は、バタヴィアやそこに居住する華人の状況について比較的詳しく説明し、バタヴィアの重要性とそこに居住する華人を保護する必要性を説いている。これは、三年前に曾紀澤が総理衙門に示した、同地やそこに住む華人を軽視する見解を否定するものであったが、この報告書を受けて曾紀澤がいかほどその認識を改めたかはわからない。

つづいて左秉隆は、東インド駐在領事を設置するに当たっては、次の三つの障害が想定されるとした。

①すでにオランダの市民権を得ている華人の西欧化を抑制することの困難さ。

②「瑪腰」(Majoor) 等のオランダ当局に任命されている華人役人の抵抗。

③オランダ当局の抵抗。

このような障害はあるものの、領事として適切な人材を得ることができれば、①や②については解決できると左秉隆は断言する。また③については、「もっとも心配するには及ばない」とし、「各国公例」では「もしある国の領事の駐在を断れば、他国に(領事の駐在を)許可することはできず、これによって不公平を回避している。今オランダはすでにイギリス・フランス・アメリカ・ドイツなどの国にバタヴィアに領事を設置することを許可しているので、もし中国のみ許可されなければ、これは公例に違反することになる」と述べて、駐オランダ公使(一八八一年に設置されたばかりで、駐ドイツ公使李鳳苞が兼任していた)にオランダ政府と交渉させることを提起した。国際公例を使って領事設置について西洋側に圧力をかける方法は、すでに郭嵩燾が在シンガポール領事の設置を要求する際に用い、その後の在外公使たちも繰り返し西洋側との交渉時に主張したものだが、清朝側の内地開放が進んでいないことなどを理由に、清朝には国際公例は適用できないと、拒否されつづける。その点、左秉隆の見方はいささか楽観的にすぎたといわざるを得ない。

左秉隆は、このように現地の状況や外国側の抵抗は解決可能なものであり、領事設置問題で考えるべきことは「ただ国や民に有益であるか否か」ということだけで、領事の設置には三つの利点があり、先に困難は多いものの、後の利益を考えて「やらなければならないこと」だと訴えた。左秉隆がそこで挙げた三つの利点とは、①華人が関係する裁判の際に、領事が申し立てや現地当局との話し合いをすることができ、また領事の存在が現地で華人を虐待する者たちへの抑止力となる、②領事を設置し華人たちと常に連絡をとれば、現地の風俗に染まってしまっている彼らを清朝に帰服させることができる、③領事を多く設置しそれぞれの国の情勢を確実に報告させれば、彼らは国の耳目となる、ことであった。

いずれも過去の領事設置論のなかでいわれてきたことだが、特に①については、それまでの領事論にはなかった詳細な説明を加えている。その部分を引用しよう。

各国の領事が有する権利にはそれぞれ違いがあるため、領事を設置することによる利益にも差異がある。上位にあるのが単独裁判（独断）の権利を有するもので、その利益はもっとも大きい。中位にあるのが混合裁判（会審）の権利を有するもので、利益はその次に大きなものである。下位にあるのが（裁判に際して）申し立てや話し合い（調和）をする権利を有するもので、その利益はもっとも軽いものである。今バタヴィアに領事を設置しようとすれば、上位と中位に当たる利益を得ることはできないであろうが、（下位の権利しか有さない領事を設置した場合でも）その利益は（そのなかで）もっとも軽いとはいえ、実際には本当に軽いとはいえないものがある。外国に居住する華人は、その種類はみな貧しくて労働者となった者たちであり、その地域に入ればその地の管轄を受け、すぐに（現地の官吏や人々に）好きなように扱われている。彼らがあえてほしいままに虐待する理由は、証人となる者がいないことだけである。もし領事を設置すれば、彼らを超えて事をなすことを恐れ、少しは挙動を慎むようになるだろう。そしてこれらの困窮する人々がひそかに受ける恩恵は、浅くはないはずである。

ここで左秉隆は、通常領事が在外邦人の裁判に関与する際の権限について、上中下の三段階に分けて説明し、そのうち上と中、つまり単独の領事裁判権や混合裁判を行う権利を有する領事を設置することはできないが、申し立てや現地当局との話し合いを行うことができるだけでも、清朝が領事を設置することの意義は小さくないと主張しているのである。こうした左秉隆の主張は、前節で取り上げた曾紀澤の三つの「微益」と共通する見解ではあったが、下位の権限しか行使することができなくとも、それを「微益」とはせず、その権限は「実際には本当に軽いとはいえない」と、領事設置の意義をより積極的に説明している点が特徴的であり、一八九〇年代初頭の薛福成の議論へとつながるものであった(6)。

左秉隆の報告書は、以上のような領事設置の意義を十分に説いたうえで、具体的な領事増設案の提起を行っている。それは次の五点である。

①オランダ領東インド植民地には、四つの大きな島と一〇の主要都市があり、「今領事を設置しようとすれば、全面的に処理すべきで、一ヵ所のみを顧みるべきではなく、……各都市に均しく領事を設置すべきである」。

②経費問題は、現地の商人を領事に任命すれば解決できる。日本や西洋諸国では、フランス以外は、商人を領事に任命している例が多く、清朝も胡璇澤を在シンガポール領事に任命した前例がある。

③官員の領事を一人置いて商人領事を統轄させれば、商人に領事を務めさせる弊害もカバーできる。

④バタヴィアに総領事を設置し、各都市に領事を務めうる優秀な商人がいるかを調査し、推挙させる。

⑤各都市の領事の統轄方法としては、「総領事に責任を負わせ毎年各都市を巡視する際に、一隻の軍艦に乗せて兵隊の訓練を行い、また（清朝の）名声と威厳を盛んにさせる。そうすれば一挙両得である」。

左秉隆の領事増設論は、その後、清朝が商人領事を設置すれば、西洋側が在華領事に商人を充てることを清朝側も認めざるを得なくなるなどの異論が出たものの、全般的には清朝政府の外交官僚の間では良好な評価を得たようで、左秉隆の提言にもあったとおり、駐オランダ公使李鳳苞より東インド植民地駐在の清朝領事の設置についてオランダ外務省に照会が出される。これに対しオランダ側は、領事設置には特別条約が必要であると返答し、李鳳苞は総理衙門に対して領事設置交渉は容易ではないことを伝えると〔『駐徳使館檔案鈔』二八五〜二八八頁〕、李鳳苞も総理衙門もオランダ側とそれ以上交渉することを取りやめてしまう〔Yen, 1985, p. 182〕。そのため、左秉隆の提言が清朝の在外領事の増設・拡大へと直接結びつくことはなかった。しかし、このような具体的な領事増設案が提起されたのは、記録が残っている限りでは、清朝政府内では初めてのことであり、内容的にも清仏戦争後に現れる張之洞や薛福成の増設案を先取りしたものがあった。

清仏戦争が終結して間もない一八八五年秋、両広総督張之洞は、「南洋」華人から寄付金を徴収して「南洋」の華人商人たちを保護する艦隊を創設することを提起し、その計画が契機となって、翌八六年から八八年にかけて王栄和と余瓗を調査員とする「南洋」調査団が派遣される〔青山 二〇〇三〕。張之洞はその調査団の調査報告に基づいて、「南洋」地域に大規模に総領事と副領事を増設することを提起する上奏を行うが、総理衙門の反対を受け、張之洞の計画は挫折する。その後、一八九〇年になって張之洞と総理衙門の双方の領事設置論の問題点を整理し、当時の清朝として実現可能な領事増設案を提示して上奏したのが駐英公使となっていた薛福成であり、そこでは、領事の職掌や西洋諸国との交渉方法についても詳細に整理され、きわめて説得的な議論が展開されていた〔青山二〇〇五〕。この薛福成の上奏後も、総理衙門は経費不足などを理由に積極的な領事の増設には乗り出さなかったが〔『李鴻章全集（二）』「寄煙台盛道」三七六〜三七七頁ほか〕、張之洞の増設論に反対した時のような表立った否定論はそれ以降現れなくなり、薛福成の上奏が清朝内における領事設置論議の一定の到達点となった。

前述したように、左秉隆の提言には、後に張之洞や薛福成が提起する領事増設論の要点が多く含まれている。直接的なつながりは確認できないものの、その方法の類似性から見て、左秉隆の提言が後の張之洞、薛福成らの領事増設案の下敷きとなっていた可能性も否定できない。前述した左秉隆が挙げた領事設置の三つの利点については、顔清湟がすでに取り上げており、それぞれ、①道徳的理由（清朝は海外の臣民を保護する道徳的義務がある）、②文化的理由（領事の存在は海外臣民の中国人アイデンティティを保持する助けとなる）、③政治的理由（政府の代理人として政府に有利な海外情報を領事に収集させる）、と整理・分析している〔Yen, 1985, pp. 179-180〕。

こうした具体的な理論と方法を備えた領事増設論は、当時唯一の「南洋」駐在の清朝領事であった在シンガポール領事に、清朝の官僚として初めて就任し、長期にわたって現地の情況を実地に観察することのできた左秉隆の登場を待たなければ、現れなかったものかもしれない。そうした意味においても、一八八〇年代初頭における清朝の領事設置論の変化は明らかなものであったといえよう。

おわりに

本章では、一八七〇年代後半の在外領事の設置開始前後から一八八〇年代前半における清朝の外交官僚らによる領事設置論とその推移について考察し、設置開始から数年を経ずして、領事の設置が当初期待したほどの成果を上げていないとの認識が清朝政府の官僚間で抱かれるようになったものの、各官僚間には認識の相違があり、特に李鴻章は、先行研究でいわれてきたほど領事の増設に対して消極的であったわけではなかったことを確認した。また、一八八二年の在シンガポール領事左秉隆による提言が、その後の張之洞や薛福成らの領事増設論のさきがけとなっていたことも示した。

一九世紀半ば以降、対外関係上の問題が百出する状況下において、清朝自身も、以前から存在した問題や新たに生起してきた問題を含め、在外華人に関わる「問題」を次第に自国の問題として意識するようになる。領事制度もそうした問題を処理する必要から導入が図られた。導入の初期においては、清朝朝野における領事の性格に対する見解は一定しておらず、それが時には、政府内における論議や外国との交渉の際に「混乱」をきたす要因ともなった。清朝が派遣した領事の実際の職務も時代とともに変化し、その所管先をめぐっても外政機関と地方行政機関との間を超越する事態が時には見られた。

一八七〇年代半ばから八〇年代半ばに行われた在外領事の設置実施や設置計画のほとんどに、北洋大臣李鴻章が直接的あるいは間接的に関与していた。設置目的や運用方法から見ても、当時の在外領事の設置は、李鴻章らが行ったその他の洋務事業と同様、清朝の自強を図るための一手段として捉えられていた。その点、華人保護の進捗状況との関連に大きな関心が寄せられてきたこれまでの華僑政策史研究から見た清末の在外領事に対する見方とは、別の側面が存在することは、もっと注意されてよいであろう。

李鴻章の領事設置への取り組みは、一八七〇年代半ばの在外公使の派遣開始前後の時期がもっとも積極的であった。しかし、在シンガポール領事が設置されて数年を経ずして、清朝政府内では在外領事の設置の困難さが実感されるようになり、李鴻章自身もフィリピンにおける領事設置にはこだわりつづけたものの、設置開始当初のような積極性はなくなっていく。その推移は本章において見たとおりである。

李鴻章の領事設置政策が「後退」した一八八〇年代後半以降、その間隙をぬうようにして領事増設計画を立案したのが、新興の地方大官であった両広総督張之洞である。張之洞の計画は、いわば李鴻章のお株を奪うものであったが、在マニラ領事などを設置する意志は持続していた李鴻章は〔『李文忠公全集』「電稿」巻七、四八〜四九葉〕、張之洞の増設計画に対し真っ向から反対することも憚られ、「沈黙」〔Yen, 1985, p. 168〕を通さざるを得なかった。その後九〇年代に入ると、次は李鴻章のサブ・リーダーズの一人であった薛福成が、大規模な領事増設論を建議するが、この時も李鴻章は静観していた。このように一八八〇年代後半から九〇年代前半にかけて、李鴻章と入れ替わるように、新興の地方大官やサブ・リーダーたちが領事設置問題の先頭に立ち、李鴻章が表立って主張し得なかった増設論を展開していくのも、次の時代への胎動を示す一つの指標なのかもしれない。

（1）清末の在外領事の設置過程は、従来華僑政策史の一部として研究されてきた。なかでも顔清湟（Yen Ching-hwang）、荘国土、余定邦、袁丁らの研究は、清朝側の史料を駆使した体系的な研究であり〔Yen, 1985, 荘 一九八九・余＝喩 一九九九・袁 一九九四〕、李慶平、蔡佩蓉らの研究も、清末の在外領事を扱った貴重な専論である〔李 一九七三・蔡 二〇〇二〕。その一方で、在外領事の問題を外交史研究として取り上げたものはほとんどなく、制度史的な解説としては陳体強や王立誠によるものがあるが〔陳 一九四五、第六章・王 一九九一、一三一〜一三八頁〕、清朝領事の具体的な設置過程とそれぞれの時代的な特徴や背景については掘り下げて議論されていない。

（2）この薛福成の論説については佐藤慎一がすでに詳細な分析を行っている〔佐藤 一九九六、八六頁〕。もちろん、在外領事設置問題が当時の清朝政府が抱える外交問題の全体のなかで相対的に軽視されていたがために、この問題を重視する薛福成が、本国政府に対する積極的な提言とイギリス政府との交渉に尽力したという側面もあった。

（3）「出使章程」が制定された直後の一八七六年一〇月三一日には、シンガポール、バングラデシュ、ペナン、セイロン等のイギリス領の各都市に清朝領事を設置することを上奏している〔『清代中国与東南亜各国関係檔案史料彙編』一〜三頁〕。

（4） この書簡は、当時李鴻章の幕僚であった薛福成によって代筆されたものであり、李鴻章の意志を伝えるとともに、薛福成の考え方をも示す史料とみてよいであろう。

（5） 一八七五年に在日理事官（領事）の派遣を総理衙門に提起した際にも、李鴻章は、西洋諸国の在華領事や日本の在英領事の例に倣い、現地の華人から寄付金を集めて領事経費に充てるべきことを提案している〔『李文忠公全集』「訳署函稿」巻四、二四葉〕。

（6） 資料的な裏付けは今のところないが、もちろんこの一八八二年の段階で、李鴻章や薛福成らが左秉隆と同じ認識を有するようになっていた可能性は高い。ここで強調したいのは、個人の認識の差よりも、外交に携わっていた清朝の官僚たちの年次的な外交に関する知識の変化（あるいは不変化）である。

第五章　在外公館の伝統と近代

——洋務時期の在外公館とその人材——

箱田恵子

はじめに

一八九三年、アメリカに向かう駐米公使・楊儒の随行員の中に、一人の翻訳学生（通訳学生）がいた。中華民国期に外交官として活躍した施肇基その人である。施肇基は公使館勤務のかたわら、現地のハイスクールに通い、一八九七年にコーネル大学に入学するが、ちょうどこの年、新しい駐米公使と駐英公使として、伍廷芳と羅豊禄が任国に赴任した。広東人の伍廷芳は香港で西洋式の教育を受け、イギリスに留学し弁護士資格を取得した法律の専門家、一方の羅豊禄も福州船政局附設学校で英語を学び、同じくイギリス留学経験を有する。この二人の新任公使は、李鴻章の有能な幕僚として知られ、その対外交渉の補佐役を務めていた。この二人に関し、施肇基は次のような逸話を伝えている。それは、李鴻章が伍廷芳と羅豊禄を伴い下関講和会議に臨んだ折、伊藤博文が李鴻章に対して「伍廷芳、羅豊禄両君は自分がかつてイギリスに留学していたときの同学であり、みな当代の賢才である。自分はすでに一国の首相となったのに、彼ら二人は依然として下級官吏にすぎない。なぜ彼らに重任を授けないのか」と語り、これに触発された李鴻章が、帰国後すぐさまこの二人を駐英公使と駐米公使に推薦して派遣した、というものである〔施 一九六七、二八頁〕。

その真偽のほどはともかく、この逸話は象徴的な意味を有する。周知のとおり、日清戦争での北洋海軍の敗北は洋務運動の破綻を意味した。洋務運動と明治維新という二つの近代化を志向した改革運動の成否の差は、ひいてはその後の日中両国の歩みを異なったものとしたとされる。そして、こうした差異が生じた要因の一つとして注目されるのが、帰国留学生などの新式人材の登用に対する両国の態度の違いである。この逸話は、西洋学術を習得した優秀な人材が、李鴻章ら科挙官僚の補佐役としてしか活躍できなかったところに、科挙制度という伝統がもった重みや洋務運動の限界を求める立場を、みごとに代弁しているといえよう。

このように否定的な評価が先行する洋務時期の官僚制度だが、この時期に起こった官僚社会構造の変容こそ、その後の中国近代史を特徴づけるものであった。周知の通り、太平天国の動乱を契機に、中国では地方の総督、巡撫の台頭による地方分権化が進んだ。そして、その地方督撫の権力を支えたのが、洋務を含む地方行政における人事権の掌握であった。中国の伝統社会では、行政の専門技能は科挙官僚にではなく、その個人的顧問である幕友に求められた。この科挙制度に附随した幕友制度が、太平天国期以降、膨れ上がり、変質を遂げていく。洋務など日ごとに増大する行政の必要上、地方には「局」「所」などと呼ばれる臨時的機関が雨後の筍のごとく設置された。これら局、所の人事権は、その臨時性ゆえに地方督撫が掌握することとなる。そして、地方督撫は自らの幕下にある人材にこれら局、所の事務を委任したのだが、この幕友は以前のそれとは異なる。あくまで地方官の個人的な顧問であり、正規の官僚ではなかった幕友が、これまた太平天国期に増大した捐納（売官）や地方官による保挙（推薦）を通じて官僚身分を得るようになったのである。そして、この局、所での就職を目当てに、ポストにありつけない候補官たち（その多くは捐納により名目的な官僚身分を得たもの）が、地方督撫の幕府に群がることとなった。王朝政府が科挙によって地方社会と結びついたように、幕友制度や局など、科挙制度に附随した体制外的制度の拡大、変容によって、地方督撫と地方社会とが結びついたのである。それは、近代中国の政治、軍事、経済、財政、教育など様々な面に多大な影響を与えた。

外交人材の育成、登用に関してもそれはいえる。公使以下、在外公館員の人事は、中央の総理衙門の管轄下になく、むしろ李鴻章ら地方大官らとの関わりが強い。この点、外交官試験制度を早くから導入した日本とは様相を殊にし、近代中国において職業外交官がいかにして誕生したのかは、なお研究の余地を残す課題である〔川島 二〇〇四a、二〇一頁〕。ただ、袁世凱の外務部尚書時期（一九〇七～〇八年）に行われた外務部人事の刷新が「正規の官僚制度と私的庇護体系の結合」〔王 二〇〇一、三五二頁〕と評されるように、洋務時期の幕友制度の延長上においてこれを捉える必要がある。このため本章では、洋務一般の状況が在外公館のあり方、特にその外交人材の育成、登用に対していかなる影響を与えたのかを明らかにしたい。

なお、清朝では一八七〇年代後半に主要国に公使館を開設すると同時に、シンガポール、日本、アメリカ合衆国、キューバ、ペルーの各地に領事館を設置し、現地華人の保護に乗り出した。第四章で述べるように、この領事には本国の官吏を派遣する一方、現地の華人商人を充当することで、華人社会との結びつきを強化しようとの試みもあった。いずれにせよ、清朝の領事館はその地域の属する国に駐在する公使の管轄下にあり、その人事権も当該公使に委ねられていた。こうした制度的特徴は、清朝領事の派遣をめぐる議論の背景をなすものでもあり、本章では公使の「随行員団」を形成するものとして、公使館と領事館を合わせた「在外公館」全体の人事を扱うこととする。

一　洋務の展開と常駐使節の派遣

一八五〇年代に起こった太平天国の乱と第二次アヘン戦争を契機として、清朝中国の対外関係は新たな段階に入る。第二次アヘン戦争の結果として開港場の増設やキリスト教の布教、外国使節の北京駐在などを承認させられ、西洋諸国との接触が否応なく増大することとなった清朝では、これに対応するため、北京に総理衙門を創設し、通訳人材を養成するための外国語学校を北京（京師同文館）、上海（広方言館）、広州（広東同文館）に設立した。また、太平天国軍との戦闘のなかで西洋近代兵器の優秀性を認めた曾国藩や李鴻章ら地方督撫は、各地に機器製造局を建設した。こうした西洋諸国と関わる事業の総称として「夷務」に代わり用いられたのが「洋務」である。この「洋務」の活動内容は次第に拡大し、一八七〇年代には官費留学生のアメリカ派遣（この官費留学生を「留美幼童」と呼ぶ）なども行われた〔坂野　一九七三、二九九〜三〇六頁〕。

西洋諸国との関係を通商に限り、「通事」や商人にその処理を請け負わせた「夷務」に対し、「洋務」は、通商はもとより軍事、外交ほかに及ぶ政策であり、ゆえに読書人や政府当局によって担われるべきものであった。しかし、洋務を論じることを潔しとしないのが当時の読書人の一般的態度であった〔岡本　二〇〇七b、三〜四頁〕。こうした風潮を端的に表すのが、天文算学館設置をめぐる争論である。一八六六年、総理衙門は京師同文館に天文算学館を新たに附設することを計画、科挙官僚およびすでに科挙試験の一定段階を通過したその予備軍から学生を募り、彼らに西洋人教師の指導のもと天文、算学を学習させようとした。しかし、排外派の激しい批判を受け、そのもくろみは実現しなかった。

こうした状況により、近代化を目指す政策であるはずの洋務が、中央政府ではなく、地方督撫の主導のもとに、しかも体制外の臨時的機関によって推進されることになった。「機器製造局」（近代兵器製造工場）、「福州船政局」（近代軍艦造船工場）、「輪船招商局」（汽船会社）などの名称が示すとおり、これらの洋務事業は臨時的機関である「局」によって担われ、それが常設化する形をとった。冒頭で述べたように、中国官僚社会は、全人格的修養を尊ぶ科挙制度と専門的実務を担う幕友制度という、体制内制度と体制外制度とによって維持されてきたのであり、洋務事業の推進に伴う新しい需要に対応したのが、この体制外制度の拡大、変容であった。ただ、体制外制度であったからこそ、科挙とは関係をもたない人材の登用が可能だったのである。広州や香港、上海など早くから西洋との接触を有した地域では、西洋の学問を習得した知識人や、外国人との交渉に慣れた商人、買辦出身の企業家が現れ、彼らは李鴻章ら地方督撫のもと、洋務の実務を担当した。

なお、科挙官僚と実務家を対比、区別する伝統的な人材観は、先ほどの天文算学館をめぐる議論にも認められる。総理衙門は外国語を学ぶ学生は一四歳以下の八旗の子弟から選抜したのに対し、天文算学館の学生には科挙官僚らを想定した。天文や算学が西洋技術の根源にある、深遠な内容をもつ学術であり、「もっぱら外国の文字、言語を学ぶこととは異な」ったからである（『籌辦夷務始末』巻四六、四六～四七葉）。つまり、天文や算学は「当に儒者が知るべきものであって、機巧《こてさきのわざ》とみなすことはできない」との認識による（『籌辦夷務始末』巻四七、一六～一七葉）。ここに、通訳人材と科挙官僚とが担うべき責務の違いが確認される。一方、排外派は、天文や算学を「機巧」とみなし、「工匠」の仕事であって科挙官僚の責務ではないと批判した（『籌辦夷務始末』巻四七、一五～一六葉）。科挙官僚と通訳人材などの実務、技術者との社会的地位や担うべき責務の違い、という点でいえば、総理衙門と排外派との間に認識の差はない。「同文館は外交官を養成したのではなく、たんに新式の「通事」を養成したにすぎない」

〔王 二〇〇一、三四五頁〕といわれるゆえんである。

さて、一八六一年以降、北京には外国公使館が次々と開設されたが、その一方で清朝側からの常駐使節派遣はなかなか実施されなかった。使節の適任者がいない、というのがその主たる理由であったが、清朝官僚の間で常駐使節派遣に差し迫った必要性が感じられていなかったことも関係していよう。例えば、洋務推進派の地方督撫の代表格である左宗棠ですら、海外事情を探る方法として提案したのは、海外事情に詳しい商人たちに各国を遊歴させるというものであった〔『籌辦夷務始末』巻五一、二一葉〕。これは、当時の洋務が、常駐使節を派遣し、西洋諸国と恒常的な外交関係を樹立するという、国家による外交政策としての段階にはなかったことを示している。

しかし、清朝をして常駐公使の派遣を決断させるにいたる事件が起こる。一八七四年の日本による台湾出兵である。この事件を受けて、清朝では中央地方を挙げて海防強化の具体策をめぐる議論が展開されたが、この「海防論議」のなかで、常駐使節派遣を求める意見が李鴻章ら地方督撫の間から提起されたのである。彼らが常駐使節派遣の必要性を感じた理由は次の二点にまとめられる。まず、日本の動静を探り、大事を未然に防ぐため、もう一点は、海防の推進に欠かせない近代兵器の購入や外国人顧問の招致には、西洋諸国とのより積極的で恒常的な接触が必要となったためである〔箱田 二〇〇三〕。

また同じ頃、清朝に在外駐在官の派遣を促す別の問題が起こっていた。スペイン領キューバやペルーに送られた華工に対する虐待問題が、新たな奴隷貿易として国際的関心を呼び、これら華工を保護するため、清朝官吏の海外派遣が求められた〔箱田 二〇〇二〕。

こうした情勢を受け、一八七六年に最初の常駐使節となる駐英公使の郭嵩燾と副使の劉錫鴻が派遣され〔劉錫鴻は翌年駐独公使に異動〕、その後、数年の間に、日本やアメリカ、ドイツ、フランス、ロシアなど主要国に公使館が開設された。駐米公使はスペインとペルーの駐在公使も兼任したが、これはアメリカ大陸にいる華工の保護がその主な任務であったためである。一八八二年にはオーストリア、イタリア、ベルギー、オランダにも清朝公使の派遣が決まった。ただし、ヨーロッパでは駐英公使と駐独公使が数カ国の公使を兼任したため、洋務時期に派遣された公使のポスト数は、日本一、アメリカ大陸一、欧州二の計四で維持された〔銭 一九八〇、三〇四九頁〕。

常駐公使の派遣に踏み切った清朝だが、海外に出使する人材の確保は依然として難問であった。これよりさき「海防論議」の最中、李鴻章は洋務人材の育成と登用の制度化を目指し、沿岸各地に「洋学局」を設置し、科挙に「洋務進取の格」を開くことを提起して、排外派から激しい批判を浴びていた。李鴻章の提案は本来、出使人材の養成を直接に意図したものではなかったが、事態の収拾のため、総理衙門は「洋学局」構想をことさら出使人材の養成と関連づけて擁護すると同時に、結局は出使人材の確保を地方督撫による適任者の保挙に委ねる決定を下した〔箱田 二〇〇三〕。「洋学局」問題が端的に示すように、「自強」のためには「変法」つまり制度改革もやむなしとする李鴻章たちに対し、「「変法」をせずにいわば「夷務」にとどめたい勢力」が多数である〔岡本 二〇〇七b、九頁〕以上、そこで採りうる方法は、地方の洋務事業と同様の、臨時的方法とならざるをえなかったのである。清朝の在外公館は、そのはじめより洋務一般をめぐる当時の状況と深く関係していたことが確認される。

二　初期の在外公館

常駐公使に当たる出使欽差大臣は、北京に実職を保有する官僚が兼任する形で任命された。また、任期は通常三年であった。一八七六年から日清戦争までの間に派遣された公使は、副使の二名を含め二二名にのぼる。つとに指摘されているように、その顔ぶれを一見して気がつくのは、李鳳苞や劉瑞芬、鄭藻如、薛福成など李鴻章の幕下にあって洋務に従事していた人材が多いことである〔張 一九九一〕。また、科挙制度の最高峰に位置する翰林院出身者は七名で、日清戦争以後の状況と比較すれば、相対的に多い。その一方で、特に清仏戦争以前に派遣された公使の中には、李鳳苞や容閎のように科挙とは全く関係を有しない人材も含まれている。西洋軍事、科学技術に詳しい李鳳苞は、李鴻章らが派遣した福州船政局の留学生の監督として一八七七年に渡欧、その後、李鴻章の推薦により駐独公使となり、北洋海軍建設に尽力した〔姜 二〇〇二、一二七～一二八頁〕。容閎はマカオのミッションスクール（モリスン学校）に学び、宣教師に連れられて渡米、イェール大学を卒業した。曾国藩や李鴻章に働きかけて「留美幼童」の派遣を実現させたのも彼であり、留学生副監督としてアメリカに駐在中、駐米公使の副使に任じられた〔『西学東漸記』二七〇～二七五頁〕。

個々の公使の任命、派遣の背景にある政治的要因については、なお不明な点が多く、また、欽差官である出使大臣は、中央地方より推薦された候補者リストをもとに、皇帝が最終的な選定を行うものであった。しかし、常駐公使の派遣が海防強化という洋務の展開の中で実現したことが示すように、その人事に対しても、李鴻章らの意向が大きく影響していたと考えられる。

次に公使に随行する在外公館員について見てみよう。清朝では、公使館員と領事館員の人事に区別はないため、本章では両者を合わせて「在外公館員」と呼ぶ。在外公館員は、参賛官（参事官）、領事、随員（下級館員）、翻訳官（通訳官）、翻訳学生より構成され、日清戦争以前に赴任した人数は、現在までに筆者が把握しているだけで三九〇名以上にのぼる。彼らに対しては、コネ人事による「外交の素人集団」という否定的な評価が先行してきたが、近年は在外公館員による西洋（および日本）研究の成果とその中国近代史、特に変法運動に及ぼした影響を解明する研究が進んでおり〔楊 一九九八・郭 二〇〇〇〕、海外の制度、思想の紹介者として彼らの果たした役割を評価する傾向にある。それら思想史研究の成果を踏まえつつ、ここでは、外交機関としての清朝在外公館がいかなる特徴を有したのか、その人的構成を中心に整理してみたい。

まず、公使が皇帝による特派であるのに対し、在外公館員の人事権は公使にあり、国内の洋務機関の人事が地方督撫の保挙によっていたのと同様の状況にあった。それでは、どのような人物が在外公館員に選ばれたのだろうか。以下に見るように、アメリカ大陸、ヨーロッパ、日本の地域ごとにそれぞれ異なった特徴が認められる。

アメリカ大陸についてまず指摘できるのは、公使、在外公館員ともに広東人の占める割合が高いことである。これは、彼らの主な任務がアメリカ大陸に居留する華人の保護であり、その華人も広東省出身であったためである。洋務時期に最も多くの領事館が開設されたのはアメリカ大陸であり、それは先に述べた華工虐待事件や、この時期激しさを増していたアメリカ合衆国での華人排斥問題への対応のためであった。遠い異郷で、現地社会からの迫害に曝される華人を保護するという困難な職務に当たったのが、主に広東出身の領事を中心とする在外公館員であった。広東出身者が多いのは、単に同郷人だからというだけでなく、アヘン戦争以前より海外に開かれていた広東には、西洋の言語、知識を身につけた人材が豊富であったことも関係している。こうした人材として、例えばキューバに駐在した陳善言や譚乾初が挙げられる。彼らは香港で西洋式の教育を受けており、陳善言は中国人によるものとしては最初の中国語日刊紙『華字日報』を創刊したことでも知られる。彼らは初代駐米公使・陳蘭彬とともに渡米、キューバに領事館が開設されると、長期にわたりその地に駐在した。陳善言は一八八七年に帰国、鉱業や鉄道事業など洋務の実務にあたった〔林 一九七八〕。譚乾初はのちに駐メキシコ領事となり、帰国後は香港で保険会社を起こしている〔『最新支那官紳録』七七七頁〕。

このほか、陳蘭彬のもとで翻訳官を務めた黄達権（黄勝）は、容閎とともにモリスン学校に学び、アメリカに渡った学生の一人で、一八七三年に第二期留美幼童の監督として再渡米、そのまま駐米公使館の翻訳官となった。任期終了後は香港に帰り、英国籍を取得、香港市政参事会のただ一人の華人委員となるなど、香港の華人界を代表する名士となっている〔『西学東漸記』三六頁・林 一九七八〕。冒頭で言及した伍廷芳も彼らと親交厚く、このような西洋式の教育を受けた、西洋社会あるいは海外華人社会と中国社会との接点に位置する実務家が、在外公館には登用されていた。ただし、彼らは外交に関する専門的な教育を受けていたわけではない。

また、留美幼童も多くが広東出身で、或るものは帰国命令に逆らって学業を続け、或るものは帰国後に再度渡米して大学に進んだ。一八八〇年代中頃より、そうした留美幼童出身の青年たちが翻訳官などとして在外公館に勤務し始め、彼らの中から清末から民国初期の外交官となるものが現れることとなる。

黄達権ら広東人の洋務人材を多く抱える陳蘭彬に対し、郭嵩燾は「儷秋（陳蘭彬）のもとには人材が豊富だ」と、これを羨む言葉を日記に記している〔『郭嵩燾日記』五六頁〕。李鴻章と同様、自身は翰林院出身ながらも洋務推進派の郭嵩燾が、西洋式の教育を受け、西洋社会との接点に位置する彼らをいかに高く評価していたかがうかがえる。その一方で、郭嵩燾が専門的な外交官の必要性を感じていないことも確認される〔岡本 二〇〇七c、三四～三五頁〕。

それでは、その郭嵩燾らヨーロッパに赴任した公使達はどのような人物を随行させたのだろうか。ここで注目すべきは、京師同文館をはじめとする外国語学校出身の翻訳官の存在である。彼ら翻訳官の多くは長期にわたり在外公館に駐在し、領事や参賛官へと累進している〔箱田 二〇〇六〕。特に洋務時期にヨーロッパで活躍したのが慶常と陳季同である。両者はそれぞれ京師同文館と福州船政局附設学校でフランス語を学び、国際法の知識も有していた。当時のヨーロッパでは外交界の国際言語はフランス語であり、フランス語人材に乏しい清朝にあって、彼らは数少ない人材として公使たちの交渉を補佐した。

欧米の在外公館では、西洋の言語、学問を身につけている人材が眼を引くのに対し、日本に駐在した在外公館員には伝統的な教育を受けた読書人が多い印象はぬぐえない。西洋への赴任が「畏途（辛い役目）」として忌避されていたのに比べれば、隣国の「同文の国」への赴任には、読書人の心理的な抵抗も少なく、就職先を探す候補官たちにとっても、日本行きは一つの選択肢であったのだろう。例えば、神戸理事館（領事館）の随員・于徳楙は、同郷（貴州省）の黎庶昌が駐日公使になったと聞き、糊口をしのぐため日本行きを決意、駐日公使館に出向いて職を求めた。はじめは黎庶昌に断られたが、日本人について多少の日本語を学び、随員の職を得たという〔于 一九一五、二四〜二五葉〕。候補官の収容先という点でも、在外公館は中国国内の局と同様の性格を有していたわけである。また、横浜、神戸、長崎、函館の四カ所に理事館が設置されたが、理事官（領事）の中には公使の縁故者が目立つなど、在外公館員の中では「実入りの良いポスト」と見られていた側面があった〔『鄭孝胥日記』二〇三頁〕。

交渉に欠かせない通訳に関しても、洋務時期の中国では日本語を教える外国語学校はなく、当初の駐日公使館や理事館では在日華人に「通事」をまかせるなど、これまた臨時的な方法に頼っていた。だが、まもなく長期的な視野に立った通訳人材の養成が行われるようになる。一八八二年、駐日清朝公使館に東文学堂が併設され、本国より派遣された学生に日本語教育が施された。そして、学生の多くは東文翻訳官（日本語通訳官）に充当され、中には理事官や参賛官にまで昇進するものも現れた〔王 二〇〇五、三七一〜四〇二頁・王 二〇〇八、二五〜三二頁〕。

以上、初期の在外公館員についてその特徴を確認してきた。在外公館設立に当たっては、外交の専門家を育成する体系的な教育制度も、確立された登用制度もなく、臨時的な方法によって対処されたにすぎなかった。こうした状況に対し、在外公館員の中から、外交と外交官の重要性を説く声がたびたび上がり、専門的な外交官を養成するための具体的なプログラムまで議論した馬建忠のような提言も行われた〔岡本 二〇〇七c〕。しかし、在外公館がそのはじめより洋務一般と深く関わるものであり、地方の幕府や局と類似する性格、機能をもっていた以上、外交官の養成制度だけが整えられるはずもない。そもそも、外交は洋務の一部であり、在外公館員の中にも、帰国後は地方督撫のもとで軍事や鉱業など他の洋務事業に当たるものが少なくなかったように、その専業性すら確立してはいなかった。

また、職業外交官の養成を語る上では、中国社会における科挙官僚と実務家の区別、差異の問題も重要である。天文算学館をめぐる議論でも確認したように、科挙官僚と通訳人材とはその社会的地位や責務を異にするものとみなされ、これは対外交渉に関わる官員の任命基準にも作用していた。「総理衙門の大臣や章京および公使を含む、外交を担当する主要な官員が、基本的に科挙出身の伝統的士大夫であるのに対し、西洋学術を学習した同文館の学生や留学生は、翻訳官や参賛官、随員のような、翻訳を職能とする補助的な官員に充当されて」おり、それは一九〇六年の改革まで続いた〔王 二〇〇一、三四五、三四七〜三四八頁〕。

しかし、通説でいわれるような、外国語もできず、国際法などの知識も欠き、公使とともに三年の任期を終えると帰国してしまう素人集団というイメージとは異なり、むしろ初期に派遣された公使館員は長期にわたって海外に駐在するものが多く、そうした環境のなかから、いわば実地研修によって、対外交渉のための人材が養成されつつあったのである〔箱田 二〇〇六〕。

また、先行研究が「翻訳官や参賛官、随員のような、翻訳を職能とする補助的な官員」と、参賛官と翻訳官を同列に扱っていることには問題がある。同じく公使を補佐するとはいえ、参賛官と翻訳官ではその地位や責務を異にする。清朝の公使は数ヵ国を兼管することが多く、公使不在の公使館では参賛官がその職務を代行していた。次節で述べるように、参賛官は次第に将来の公使候補者が充当されるポストとみなされるようになっているのである。

三　清仏戦争後の変化

一八八〇年代に入ると、中国を取り巻く国際環境は厳しさを増していく。こうした中、洋務を忌避してきた読書人の風潮にも変化が起こる。特に清仏戦争を転換点として、「富強」を目指し、軍隊の近代化や鉱山、鉄道の開発に代表される洋務事業が各省で推進されるようになる。洋務の重要性が広く認識され、洋務が「天下のことをもって任じる」士大夫の責務として認知されるようになったのである。そうなれば、これまで臨時的に、あるいは現実的な方法として洋務を実務家に委ねてきた人材登用のありかたにも見直しが求められるようになる。清仏戦争期より、科挙制度と科学技術を中心とする西洋学術との関係をめぐる議論が続くのも、こうした情勢の然らしむるところであった。そしてそれは、臨時的、現実的手段として公使に人事権が一任されてきた在外公館員の人選に対しても、その改革を求める声を巻き起こすこととなった。そこで問題となった要点は二つ、一つは、情実による人事の禁止と冗員の削減、もう一つは、科挙官僚を公使の随行員の中に配置する制度を確立させようというものであった。

先にも述べたように、読書人の間で洋務が重視されるようになると、洋行は必ずしも忌避されるものではなくなった。また、洋務に関わることは「出世の早道」と見なされるようになったが、特に在外公館での勤務には、三年の任期を終えれば公使より保挙を受けられるという優遇措置が採られていた。三年間の職と俸給、重要視される洋務の経験、さらに任期後の保挙——在外公館員の職がもたらすこれらの利点に、多くの候補官が群がり、あらゆるッテを使ってこの職を得ようとする風潮が急速に広まった。当然、彼らの間では、保挙を受ける資格を得るために三年の任期を務めることが主たる目的となる。当時の官僚の公文書や日記、新聞などには、在外公館員の情実による人事と冗員の増加を批判する記述が散見する。三年間で帰国する素人集団、という通説的なイメージは、こうした状況によって強調され、固定化したものであろう。それは、あたかも地方の局や所が、地方督撫と候補官との私的な関係によって人事が行われ、冗員の受入機関と化していると、その整理、削減がたびたび議論されていたのと同様である〔岩井 二〇〇四b、四九九〜五〇〇頁〕。

それでは、どのような人物が随行すればいいと考えられたのか。ここで注目すべきは、在外公館員の中に科挙官僚の定員を設けるべきとの議論である。その嚆矢となったのが、一八八五年の謝祖源による遊歴官派遣の提案である。謝祖源はその提案の中で、在外公館で重要な役割を果たしていた翻訳官らの実務家に対し、その実務能力には一定の評価はしつつも、洋務に久しく携わっているうちに外国かぶれになってしまい、将来を託するに足らないと、批判している。そして、

私が思いますに、国家が科挙によって人材を登用するのは、経世済民はとりもなおさず文章に寓するからであります。今、翰林院、詹事府、六部の属員の中には、大望を抱いているものがいないわけではありません。在外公使に命じて、一国につき二名を彼らの中から選抜して随行させ、護照を与えて一年間の遊歴に資するのはいかがでしょうか。一年後に交替させますが、希望者には滞在延長を許可します。殊に優れてぬきんでている者は、公使より密かに推薦させることとすれば、将来の公使候補に備えることができるばかりか、洋務を熟知する人材を増やすことができます。

と提案した〔『申報』一八八五年四月二一日、「奏疏恭録」〕。ここで重要なのは、科挙官僚による海外遊歴という提言

の新しさの背後に、科挙官僚と実務家の社会的責務を区別する伝統的な人材観が存在していることである。洋務が士大夫の責務となった以上、その中心には科挙官僚がいなければならないとの危機感の表れである。

謝祖源の提案を受けた総理衙門は、一八八七年に六部の属員から選抜した一二名の遊歴官を派遣し、二年余の時間をかけて数ヵ国を歴訪させた〔佐々木 二〇〇〇〕。総理衙門は在外公館経費の一部を割いてこの遊歴官を派遣したが、遊歴官と公使館員とは区別し、公使の人事権には干渉しなかったのである。また、遊歴官の派遣は結局この一回かぎりで終わってしまった。このように中途半端な形に終わってしまった背景には、様々な要因があるのだろうが、やはり公使の幕府あるいは局に相当する在外公館に、科挙官僚を中央政府から送り込むことには、抵抗があったのだと思われる。その一端をうかがわせるのが、上海の新聞『申報』に掲載された次の論説である。一八八七年一一月一五日掲載の「遊員与随員不同」という論説は、論者と遊歴官との対話形式をとって論を進めている。様々な示唆に富む論説だが、特に興味深いのは、経費節約で有益な視察ができないと嘆く遊歴官に対する論者の次のような返答である。

目下、捐納例を開いているとはいっても、海防のための寄付金は海防に、黄河の治水のための寄付金は治水に充当するに足るだけしか集まっておらず、それでも足りないことを憂慮している状況なのに、どうしてこれらの重要な資金を、遊歴人員のような不急の費用に当てることができるだろうか。

捐納、つまり寄付という名の一種の売官に依らなければ、当時の中国は立ち行かなくなっていた。そして、この捐納によって大量に生み出された候補官たちが、その「寄付」の元をとるために局などのポストに群がっていたことを考えると、候補官たちに正規の官職を与えられない清朝中央が、公使館員の人事に介入し、そのなかに科挙官僚の定数を設定することには抵抗があったのではないか。

しかし、それでも科挙官僚を在外公館に配置するよう求める意見が、在外公使より提議された。駐独公使の洪鈞による一八八八年の上奏がそれである。

この上奏はまず、これまでの洋務人材のありかたを問題視する。つまり、「自強」のための軍事訓練や近代兵器の製造にしろ、対外交渉のための通訳にしろ、その西洋理解は皮相浅薄なものにすぎない、と。また、遊歴官の派遣も洋務人材の育成には不十分な方法だとする。なぜなら「西洋の学問には、それぞれ専門家がおり、大は内治、外交から、小は鉱山技師、職人にいたるまで、みな一意専念し精緻を求めて熟慮し、歳月を重ねてようやく成功に至る」のであり、二年の視察でその要領を得ることなどできないからである。そこで洪鈞が提案したのが、翰林院庶吉士の中から選抜した人物を、在外公館の参賛官として海外に派遣し、西洋学術を研究させるというものである。また、中央官庁の属員の中ですでに試験によって総理衙門章京の候補者となっている官員から参賛官、随員を選抜し派遣することも提案している。なぜなら「総理衙門は洋務の中心であり、そこで事務を担当するものが、入ってから後に学ぶ、ではいけない。あらかじめ経験しておけば、大きな助けとなる。西洋諸国の領事や参賛官、随員は外部（外務省）の総辦（事務次官補）や司員（各局職員）であり、将来の公使もこの中から選ばれる」からであった〔「洪鈞使欧奏稿」一五〜一六頁〕。

この提案を受けた総理衙門は、翰林院庶吉士の派遣の制度化には反対したが、総理衙門章京の派遣には賛意を表している。一八八九年から九〇年にかけては、この他にも総理衙門や海軍衙門の章京を参賛官などの名目で派遣するよう求める提案が相次いでおり、公使のなかにも総理衙門や海軍衙門の章京を随行させる例が見られるようになる。

しかし、公使の人事権がこれによって制限されたわけではない。総理衙門章京ら科挙官僚の洋行は、むしろ先の遊歴官派遣の続きであり、あくまで将来の公使候補者の研修として考えられており、他の公使館員たちとは区別する意識があったからである。この点について、先の洪鈞の上奏をあらためて検討してみよう。

洪鈞が翰林院庶吉士の洋行を提案したのは、西洋学術が専門家によって一意専心に追究されており、その深奥を究めるには科挙官僚でなければならない、との認識があるからである。これは、天文算学館の設置にあたり、総理衙門がその学生に科挙官僚らを想定したのと同じ論理である。また、総理衙門章京候補者の派遣を求めたのは「西洋諸国の領事や参賛官、随員は外部の総辦、司員である」からであり、これに相当するのが総理衙門章京であったからである。ただし、総理衙門は現代的な意味での外交機関ではなく「洋務の中心」であり、章京にしても外交に専従することが求められていたわけではない。翰林院庶吉士にしろ総理衙門章京にしろ、彼らは将来重任を担うべきエリートとして、政府の中枢近くで研修を行っている身であり、その研修をいっそ在外公館で行わせようというのが洪鈞の提案である。また、在外公館での研修内容も外交交渉に特化したものではなく、広く洋務一般、つまり軍事や科学技術を中心とした西洋学術であったことも重要である。つまり、読書人と政府当局によって担われるべき政策としての「洋務」を確立するための提案であった。

しかし、外交機関としての在外公館の役割とその重要性を主張する声もまた、在外公館の側から上がっていた。例えば、二〇世紀初頭に駐日公使となる蔡鈞が、駐スペイン公使館の随員として勤務した経験をもとに著した『出洋瑣記』と『出使須知』（共に一八八五年刊）は、公使以下の在外公館員の職務として、第一に任国の各界人士との日常的な交際を挙げ、それによる議員や世論への働きかけ、および情報収集の重要性を論じている。持続的な外交の基礎たるべき在外公館の機能が、余すところなく述べられている。このような外交機関としての在外公館の重要性を最も強調したのが、一八九〇年から九四年に駐英公使を務めた薛福成である。

薛福成は、西洋社会の特徴の一つが専門性の重視にあるとする点において洪鈞の意見と変わる所は無い。しかし、薛福成によれば、西洋の外交官たちのキャリアパターンは、「随員から領事に、そして参賛官となり、公使となり、推挙されて全権公使やあるいは外務大臣に昇進し、数十年にわたって同じ業務につく」と、在外公館の下級館員からキャリアを積み、最後には外交のトップにまで累進していくものであり〔『庸盦海外文編』巻三、二三〜二四葉〕、このように経験豊富な専門家によって処理されるからこそ、西洋諸国の外交は周到で失敗しないのであった〔『庸盦文別集』二二二頁〕。

同じように西洋の外交官と接していながら、外交官の任用制度に対する認識が正反対なのは、洪鈞が科挙の最終試験を第一位で合格した状元であるのに対し、薛福成が洋務の実務能力を買われて昇進してきたという、両者の経歴が影響しているのだろう。だが、それ以上に重要なのは、在外公館の機能、あるいは外交に対する両者の認識の違いである。洪鈞が想定した在外研修の内容は、外交交渉も含めた洋務一般であり、読書人や政府当局によって担われる、あるべき「洋務」を追求したものである。だが、薛福成が強調したのは、外交それ独自の重要性であった。

こうした薛福成の考えを端的に表すのが「使才与将相並重〔在外使節と将軍、宰相とを同様に重んじる〕」との主張である。これは、漢の武帝が将軍、宰相および外交使節に任じるに足る有能な人材を市井より推挙するよう命じた故事によるもので、内政と軍事を司る宰相と将軍に対し、外交交渉を司る在外使節の重要性はこれに比肩する、というものである。清朝の在外公使、在外公館は、郭嵩燾がその日記をめぐって弾劾を受けたように、その創設当初より存立が脅かされてきた。武帝の故事は、在外使節の存在を正当化するための論拠として盛んに用いられ、薛福成はそのような立場を集大成したとされる〔岡本 二〇〇七c、一五四頁〕。ただ、ここで注目したいのは、薛福成の認識に及ぼした西洋社会の影響である。

実は、薛福成は海防論議の際にもこの武帝の故事に言及していた。ただし、その時には人材の破格の登用という故事として言及しているにすぎない〔『庸盦文編』巻一、二一葉〕。これに対し、宰相や将軍に比肩するほどの使節の重要性を彼に痛感させたのは、西洋社会における外交と外交官の地位であった。では、薛福成の見た西洋の外交官とはどのような存在だったのか。光緒十七年正月初一日（一八九一年二月九日）付けの彼の日記には、西洋各国の官制と中国のそれとを比較し、外交官についてはそのキャリアパターンの専業性が特筆されている。と同時に、外務省の事務次官や大臣あるいは貴族が、大使や全権公使に任命されることもあること、その際にも「必ずその外務に習熟しているのを確認してこれを用いる」ことも指摘している。そして、

時には、王爵や公爵の身分で参事官や随員にあたる者もいるが、それは実地で経験を積むため、自ら志願したものである。思うに、西洋人には、平生より国際法を研究し、各国の情勢を考究するのを好むものが多く、このため使節に任じられても、その使命に背くようなことが少ないのだ。

と述べている〔『薛福成日記』六〇六頁〕。上層部も含め、西洋社会では国際関係に対する関心が高く、それゆえに外交は一生の仕事になり、政治のトップもこれに習熟していて、当然のように自ら全権として国際会議に赴き交渉を行う。西洋社会では、外交はまさに内政、軍事とともに国政の欠くべからざる支柱の一つであった。そして、西洋社会において外交がいかに重視され、またいかに重要な機能を果たすかは、駐英公使として外交交渉に携わった薛福成自身が最も痛感するところであった。特に、彼がヨーロッパに駐在していた一八九〇年代前半とは、露仏の接近により英露対立が深刻化、これに伴い、イギリス外交当局者の間ではロシアの南下を防ぐ防壁としての中国の存在価値が増し、中英両国が同盟関係ともいうべき友好関係にあった時期である。こうした中国をめぐる国際情勢を利用し、イギリスとの交渉で一定程度の外交的成果を挙げたのは、他ならぬ薛福成であった〔箱田 二〇〇七〕。

外交のもつ重要性、有効性を理解し、中国自らの立場を国際関係の中に位置づけて捉えた薛福成は、中国本国に対しても様々な形で西洋式の国際関係に準拠することを唱えた。その中でも特に彼が重視したのが、国際法（万国公法）の全面的摂取である（佐藤 一九九六、八五～八八頁・岡本 二〇〇八、二三～二四頁）。そして、外交がそのように重要なものである以上、専門的にこれに携わるものが必要となる。しかし中国では、在外公館はおろか、総理衙門でさえ外政機関としての専業性は未確立であった。薛福成はこうした状況を憂え、総理衙門の大臣、章京に外交の専門家たることを求め（『庸盦文別集』二二一～二二二頁）、また「中外を連絡する通訳人材」の育成、奨励を重要視した（『庸盦海外文編』巻二、一七葉）が、それは外交の重要性を痛感すればこそである。外交それ独自の重要性、これが、薛福成が西洋で身をもって認識し、中国への移入を望んだものであった。

おわりに

洋務時期に四百名を超える官員が公使や随行員として在外公館に派遣された。彼らの多くは外交官としての活動に必要な教育を受けていたわけではなく、中国国内で行われていた教育といえば、通訳を養成するための外国語学校がせいぜいであった。教育制度の未発達に加え、外交が洋務の一部であったように、外交官の専業性も確立されてはいなかった。一八八〇年代後半には、総理衙門章京らを在外公館に派遣するとの形で、公使候補を養成する制度が模索され始めるが、これは将来、重任につくべき科挙官僚に在外公館での研修を受けさせるというものであって、高度な専門知識と交渉技術を必要とする職業外交官を育成することとは異なる発想のもとにあった。実際、参賛官に充当され公使候補と目された総理衙門章京たちの中からは、その後、外交に専従した人材はほとんど現れていない。

しかし、制度的な整備、改革は行われなかったが、洋務全般がそうであったように、体制外的な、あるいは現実的な方法によって、対外交渉に従事する専門家が養成されつつあったのも事実である。

本章では、洋務時期の在外公館における人材の登用や育成の特徴について、洋務一般との関係を軸に説明してきた。洋務という新しい時代の要請は、幕友制度や局などの体制外的、臨時的制度の拡大、変容によって対応された。体制外的、臨時的な対応であったがために、洋務には多くの限界や弊害が伴ったが、一方で、体制外的、臨時的であったからこそ、地方督撫に現実的な対応を可能とさせ、次の時代を担う実務担当者を養成しえた側面もある。在外公館の設立という新しい動きも、臨時的、現実的な手段で対応され、外交官試験というような、体制内的制度を伴うことはなかったが、翻訳官や翻訳学生から始まって随員や領事、そして参賛官へと累進していく外交官としてのキャリアパターンの原型が、洋務時期にすでに形成されていた。そして、こうした中から清末から民国初期の外交官が登場するのである。

また、実際に西洋社会に接する在外公館からは、外交と外交官の重要性を唱える声が繰り返し上がっていた。その最後の時期にあたる薛福成において、外交それ独自の重要性を確立しようとする意識がいよいよ明確に表明された。ここに洋務からの離脱、外務の胎動を見ることができる。

第六章　中華帝国の近代的再編
――在外華人保護論の台頭をめぐって――

茂木敏夫
岡本隆司

はじめに

清朝は一八七〇年代から八〇年代にかけ、政策を決定するにあたって、その「版図」の辺疆や周辺の朝貢国に対する防衛に、多大の利害関心をもつようになった。「版図」とは、絶対的な国境線で画された領域を、面として均質に統治するような近代国家の「領土」ではなく、中華皇帝の統治がおよぶ空間範囲のことをいう。したがって、その境界線はあいまいで暫定的なものにすぎなかったのであるが、この時期、その境界に対する関心のあり方が変化したことは、結果として、中華帝国の「版図」が中国の「領土」と化していく契機をなした〔茂木 一九九三〕。

しかしこうした利害関心の変化は、辺疆・周辺に対する領域的なものにはとどまらなかった。領域的に囲い込む動きと並行して、「版図」の外側を活動の場とした華人に対する、いわばヒトの保護についても、積極的な議論がなされるようになったのである。

そもそも王朝国家・中華帝国の建前としては、「普天の下、王土にあらざるなく、率土の浜、王臣にあらざるなし」（『詩経』小雅「北山」）とうたわれるように、地上とその人々すべてが皇帝の徳によって統治されるべきものであった。もっとも、このような徳の統治とは、「君子の徳は風、小人の徳は草、草は風にあたれば必ずなびく」(『論語』顔淵)というように、風のように自然に及んで、民はそれになびくように感化され、有徳の君主に自発的に慕い寄ってくる形態のものである。だから皇帝の徳治は、民に対して積極的にはたらきかけられるものではなく、それを受け入れるか否かは、民の側によると考えられた。そこに徳治・教化を受け入れない民が存在する余地がある。そのような民は、「化外」とみなされ、いずれは教化、皇帝の統治を受け入れるものと期待されつつも、さしあたり放置されるのが常であった。

海外へ渡航したまま戻ってこない在外華人は、このような「化外」の民の典型であり、王朝から「華を棄てて夷に就いた」者とみなされる存在だった。とすれば、そんな人々の保護を主張する議論が台頭してきたという事実は、中国王朝国家の国内統治や対外政策を支える世界観の大きな転換だったといえるだろう。それはどのようにして起こったのか、どういう結果をもたらしたのか、またその際、何が変わり、何が連続していたのであろうか。近現代中国において、そうした転換がもった意味について考えてみたい。

清朝の在外華人に対する政策をめぐっては、従来、一八六〇年代の華工出国に関する対応や、アメリカ大陸における華人排斥運動への対応などに関心が集中していた観がある〔李 一九九二・荘 一九八九〕。近年そうした研究動向は、変化をみせてきており、「南洋」地域を含め、地域的な視野が広がったばかりではなく、領事の派遣による華人の掌握や教育など、政策の内容にも検討がおよぶようになってきた〔箱田 二〇〇二・園田 二〇〇四・青山 二〇〇五〕。

これに対し本章では、一八七〇年代から八〇年代にかけての南洋に対象をしぼり、そこにおけるヒトの保護・掌握に関心をもつようになった中国王朝の変容を検討する。それまで南洋諸勢力との関係は、伝統的な朝貢を重要な媒介として成立していたが、この時期になって、西洋の植民地支配が南洋に拡大したために、中華帝国と列強の植民地という関係に変質した。清朝はそのような事態に対処するなかで、「版図」外の華人に対する認識、あるいは政策理念をどのようにあらためたのか。その動きはまた、すでに筆者が明らかにした、その他の辺疆政策の再編とも、決して無関係ではないだろう。そうした関係を考えていくことによって、伝統的な世界帝国の近代的変容を総合的に理解する手がかりが、またひとつ得られることになるだろう。

一　朝貢と南洋華人

1　移住と海洋活動

中国南部の福建や広東など沿海地域から、台湾や東南アジアへ向かう人々の移住は、明代のなかば以来、人口の増加で耕地が不足し商業活動が活潑化したために、持続的な傾向となっていた。一七世紀の末に治安上の懸念がなくなると、清朝が海上交易や海外渡航に対する制限を大きく緩和したのも、そうした動向に応じていたわけで、当時の情勢を物語るものでもある。

南シナ海を越えて東南アジアへ渡った華人は、造船・製糖など高度な技術や文化を移転しつつ、現地社会に適応していった。またそれと同時に、中国大陸とのネットワークを維持・利用して貿易活動などに従事することで、東南アジアと中国とを仲介する役割をはたす者も多かった。

明朝が成立して以降、とりわけ貿易取引は、朝貢という政府間の儀礼と不可分のかたちで、すすめられるようになっていた。周辺国は朝貢を行うことで、はじめて中国王朝からの優待を受け、貿易がみとめられるのだという論理であり、中国王朝の体制としては、このような理念のほうが貿易そのものより、本質的な意義をもっていたからである。そのため、中国と貿易取引を行おうとするには、中国王朝がさだめる漢語を用いた文書や儀礼の手続きが、不可避的にともなってくる。そこで、中国の言語や儀礼慣行、生活習慣に通じる華人移民は、周辺国にとって有用な存在だった。

こうして、南シナ海における中国と東南アジア地域との朝貢・貿易は、主として華人商人が担うようになった。彼らはその実務を担当するために、一種の専業集団をなしていたのが実態なのであり、琉球王国の閩人三十六姓などは、その典型であろう。またシャムのアユタヤ朝が、対中国貿易を華人商人に委託してしまうとともに、彼らに官位を与えてみずからの官僚制に組み込んでしまっていたことも、周知のとおりである〔劉 一九九三、一一〇〜一一一頁〕。

2 在外華人に対する認識——棄民政策の意味するもの

それでは、このような在外華人を中国王朝の側は、どのようにみていたのであろうか。以下は清朝の雍正帝の上諭である。

数年以来、洋船に乗って帰ってくる者ははなはだ少ないが、朕思うに、この輩は多くが本分に安んじない者である。……もし期限を過ぎても戻らなければ、自ら甘んじて外域に流移した者であるので、憐憫の余地はない。〔『世宗実録』巻五八、雍正五年六月丁未の条〕

このように、海外の世界を活動の舞台として、「版図」のなかに戻ってこない華人は、みずから進んで皇帝統治の恩恵を離れたものにほかならず、王朝国家は理念的には、彼らを否定的に見ざるをえなかった。

したがって、乾隆年間の一七四〇年、ジャワで一万人もの華人が虐殺される事件が起こった（斯波 一九九五、八〇～八一頁）際にも、これを積極的に救おうという姿勢はもちえなかった。当時の署理福建総督策楞は、被害にあった華人は、「みずから王化を棄てた者であるので、いたましくはあるが自業自得だ」といっており、こうした態度は、いわゆる棄民政策の典型的な事例にほかならない。虐殺の手を下したオランダに対しても、福建での貿易を停止するのみで、それによって「遠夷」たるオランダが「革心向化」、すなわち自らの過失を悔い改めて、教化に向かうのを待つ、という消極的姿勢に終始した（『皇朝文献通考』巻二九七、四裔考五、噶喇巴の条）のである。

しかしながら、このような棄民政策や消極的な姿勢は、王朝国家がまったく在外華人を棄てて顧みず、両者が無関係になってしまったことを意味するわけではない。先述のように、中華帝国と南洋の周辺国との朝貢関係、とりわけそこにおける貿易実務は、実は華商が担っていた。とすれば彼らは、王朝にとって南洋諸国との関係を安定化させ、かつまた恒常的に東南アジアの物産をもたらすなど、有益な役割を果たしてくれる存在である。決して無用と切り捨ててばかりはいられなかった。

そこで中華帝国の彼らに対する論理と態度は、いささか屈折したものにならざるをえない。「版図」の外に移った在外華人は、中国王朝が統治の手を及ぼしえず、掌握しきれない者であり、それはとりもなおさず、中国王朝に直接的な利益をもたらさない者でもあった。だから、そんな連中を保護する能力も理由もない。「華を棄てて夷に就いた」、「外域に流移した」天朝の棄民とは、まずもって、そうした王朝による保護責任の放棄を合理化し、それによって王朝の権威に傷がつくのを回避する論理であった。

ところがそうした棄民でありながら、東南アジアの物産をもって中国にやってくる華商については、逆に彼らを、「近き者よろこび、遠き者来る」（『論語』子路）、つまり「化外」の民が王化に服して慕い寄って来た、とみなして、徳治・教化が達成されたと追認した。それによって、王朝の権威を高めつつ、彼らを名目的にせよ掌握して、南洋の諸勢力との関係を良好に保ち、東南アジア物産の恒常的な確保を実現しようとする態度だったのである〔茂木一九九七、七九〜八〇頁〕。

南洋地域への華人の移動とそれでつくられたネットワークとを、棄民視する一方で容認し、皇帝の権威の下に組み入れる。そして彼らが持ち込む物産を朝貢の品、その積出地を「国」「国家」、その荷主を「国王」である、と皇帝の側から一方的に認定する。それが、少なからぬ朝貢・貿易の実態だった。

しかもこれは同時に、中国に東南アジア物産を供給する華商にとっても、メリットがあった。中国という巨大市場との回路を確保しているのは、彼ら特有の役割であって、そのために東南アジアの現地社会で尊重される地位につくことができたからである。すなわち華商も、朝貢・貿易を通じて中国市場とつながることで、いわば事実上の保護・優待を獲得できていた、といえるだろう。

このようにみてくると、いわゆる棄民政策は、中国王朝にとって利益となるという限定つきではあるが、その限りにおいて、皇帝の権威の下に在外華人をゆるやかに掌握・統合する体制であったともいえる。

その点で、これは「版図」内の辺疆民族社会に対する中華帝国の統治論理と同じである。中国王朝の辺疆民族支配は、中華化を受け入れない者は「夷」「番」等々とみなし、放置することによって、皇帝の道徳性や統治責任が問題視されるのを回避するとともに、辺疆に移住していった漢人と接触するなかで、中華化を受け入れたものについては、教化が達成されたものと追認し、それによって徳治の正当化をはかるものであった。在外華人に対する棄民政策とあわせてみれば、「版図」の内外を連続する、一貫した統治とみなすこともできよう。

もっとも、辺疆民族に対しては、時に積極的な中華化（実質は漢化）が推進されることもあったが、そのようなコストのかかる措置は、海を隔てた南洋には行うべくもなかった。そうした点、共通する両者にも大きなちがいがあり、棄民政策の消極性をいっそうきわだたせる結果となっている。

二　華人保護論の台頭

1　棄民政策からの転換

一九世紀になると、このような中国―東南アジア海域世界において、新たな事態が生じてきた。華人の海外渡航、その結果としての移民が、以前にましていっそう増加したのである。これには、一八世紀を通じた人口の激増と過剰などといった中国内部の要因にくわえて、東南アジアのプランテーションやスズ鉱山の採掘、さらにはアメリカ大陸のゴールドラッシュをはじめとする開発事業など、海外での労働力不足の深刻化という要因も働いていた。

こうした華人労働力への需要を背景として、一八六〇年の北京協定によって、華人の海外渡航が合法化されることとなった。これにより海外に渡航する華人はさらに増加することとなった。

元来こうした華工の移送は非合法で、強制的な密航というべきものだったから、「苦力《クーリー》」とよばれた華工が非人道的な虐待を受けることも少なくなかった。そうした情況は、条約で渡航が合法化されても、必ずしも改善しなかった。そのため「苦力」たちからの反抗など、華工をめぐって、多くの事件が起こったのである。

華工の渡航先はアメリカ大陸にせよ、東南アジアにせよ、欧米諸国の支配する地であったから、こうした案件は相手から持ち出される場合も含めて、しばしば欧米諸国との間の外交問題に発展せざるをえなかった。そのような眼前の案件を現実に解決していくには、もはや従来の棄民政策では済まない。国際社会にくみこまれたことを自覚せざるをえなくなったこの時期、欧米諸国も納得できるように、国際標準にかなった対応をしなくてはならなかったのである。外交課題として在外華人を保護しようという論理が、そこに生じてくる。

2 アメリカと南洋

一八七三年、アメリカ大陸における華工の境遇を視察するために、清朝はキューバに陳蘭彬、ペルーに容閎を派遣した。折しも、あらたに独立したペルーとの条約締結交渉のただなかであり、またマリア・ルース号事件によって、「苦力」貿易が国際的な問題となったときである。清朝側はこの現地調査を通じて、華工虐待の情況を把握し、華工の待遇改善と「苦力」貿易の規制を要求して、やがて実現することができた〔Yen, 1985, pp. 122–134,『西学東漸記』一八八～一九六頁〕。

しかし海外で暮らす華工の境遇を改善していくには、条約や協定をむすんだら、それで終わり、というわけにはいかない。そこで華工の多く居留するアメリカ大陸、なかんずくアメリカ合衆国・ペルー・スペイン(キューバ)の三カ国に外交使節を置いて、その政府との交渉にあたらせると同時に、居留華人を保護する活動体制をとることとなった。

ペルーの華工はおよそ十余万人、雇主の虐待を受けて、その惨状はまことに、目で見るにも耳に聞くにも忍びないものがある。去年、委員の容閎はペルーの官吏と論争して、契約が満期になった者八十人をただちに解放した。ここからわかるのは、かの教化のない国に対しても、こちらが向こうに使臣を置き、固く条約を根拠にして譲らず論争すれば、華工も助けを求める門戸をもって、詐欺虐待を免れることができるようになる、ということである。……もし向こうに使臣を置かなくては、華工は七、八万里離れているので、保護するかどうか、弊害を除くかどうかは、いったいどうやって知ることができよう。たとえ知っても、どうやってこれを救うことができよう。〔『李文忠公全集』「奏稿」巻二五、「請遣使赴秘魯片」光緒元年七月初八日、三五葉〕

以上の記述からわかるように、アメリカに在外公館を置くのは、あくまで華人の保護を目的とするものであった。公使の派遣されたのが、合衆国とペルーとスペインという一見無関係な、遠隔地のとりあわせだったのも、その初代公使に陳蘭彬・容閎が任命されたのも、その間の事情を物語っている。在外公館の設置は、棄民政策から華人保護という転換がなければ、ありえなかったわけである。

そうしたアメリカ大陸での在外公館の利害関心は、長らく変わることはなかった。赴任する公使・領事に、陳蘭彬・容閎と同様、居留華人と同じ広東出身者が多く選ばれたのは、その一例である。合衆国西部における、アイルランド系のカリフォルニア勤労者党の運動をはじめとして、華人に対する排斥は一八八〇年代に入っても、やむことはなかったから、歴代の公使・領事はひきつづき、華人の保護とそのための外交交渉にとりくまなくてはならなかった。それは二〇世紀に入るまで、続いていくのである。

こうしたアメリカの情況に対して、在外華人が劣らず多数住んでいた南洋地域は、どうだったのであろうか。こちらはアメリカのように、ことさら実地調査をするために委員を派遣した、という経過はたどっていない。政策が転じる契機になったのは、一八七六年、初代駐英公使に任ぜられた郭嵩燾が、赴任する途中で東南アジア各地に寄港したことである。

彼は一八七六年一二月一三日、シンガポールに立ち寄って、その地の華人の境遇をつぶさに実見する機会をえた。彼の日記によれば、その日シンガポール在住の富商にして名望家、黄埔人の胡璇澤に会っている〔『郭嵩燾日記』光緒二年十月二十八日の条、七〇、一一一頁〕が、ほかならぬこの人物が、郭嵩燾によって駐シンガポール領事に選ばれ、一八七八年に本国総理衙門の同意とイギリス政府の許可を経て、正式に領事館が開設されることになる。もともと郭嵩燾は公使に任命されると、赴任出国する以前から、「華民が数十万人流寓する」シンガポール・ベンガル・ペナン・セイロンなどのイギリス領に、領事を設置する献策を行い、原則として了承を得ていた〔『皇朝経世文続編』巻一〇四、総署王大臣「遵旨議奏疏」〕。一八七七年イギリスについたのち、郭嵩燾が本国政府にシンガポール領事の設置を上奏した〔『清季外交史料』巻一一、一三～一五葉〕のは、その献策を実施にうつしたことにほかならない。しかしその上奏文には、現地の華商の請願を聞き入れて領事を設置し、彼らを「保護」し、かつ「管轄」するという、それまでにはみられなかった論点が、明確に打ち出されている。

つまり郭嵩燾にあっては、ヨーロッパへの在外使節に任じるにともない、在外華人と領事設置に対する関心を有してはいたが、それが、在外華人を「保護」するために領事を設ける、という明確な方針になるのは、東南アジアを実見して以後のことであり、アメリカの場合と同じく、やはり現地をつぶさにみたことが大きな契機をなしたといえるだろう(1)。

これ以降、清末の官僚・知識人が東南アジア各地を実際に訪れる機会が増していった。彼らはそのとき訪問先で出会った在外華人たちから、列強を宗主国とする現地政府が「不当な課税」を行っている実態について訴えを聞かされ、清朝本国からの領事派遣などを通じた保護を要請されることとなった。こうして郭嵩燾の後任として赴任した曾紀澤、薛福成らはロンドンで、東南アジア各地の英国植民地における領事館の設置と、それによる華人保護に関して、イギリス政府と外交交渉を行うようになった。それぞれに温度差はありながら、領事の設置と在外華人の保護が不可分で、外交を通じてそれを実施に移す、と考えられていた点では、かわるところはなかったのである。

こうした郭嵩燾以下の認識・姿勢が、当時の清朝政府でどこまで主流を占めていたかはわかりづらい。むしろ例外的な、突出した事例だったとも考えられる。領事の設置をめぐって、多くの議論が費やされたのも、そのあらわれとみることができる。

しかしたとえ当時は例外であっても、実際にシンガポールに領事館を設立できた結果があり、外国との交渉もそれを争点にすすまざるをえないという現実があった。清朝全体が必ずしも意図して、それまでの理念・体制を意識的に転換させたのではないが、現実の推移のなかで、結果として華人保護が、政府の重要な政策のひとつとして浮上し、自覚され、主張されるようになっていくのである。

このように清朝の側は、現実の局面に迫られて、在外華人の保護を外交の問題として考えていかざるをえなくなった。これより以降は、もはや中国に直接的な利益をもたらすかどうかとは別に、華商についても「苦力」についても、その保護は自国民保護として、中国の「国体」に関わる問題として考えられるようになっていく。在外華人を「華を棄てた」者として棄民視する従来の政策は、大きく転換することになったわけである。

そうした転換を実際にすすめていく機構・回路として、公使・領事という在外公館があった。すなわち「保護」という理念の転換があったからこそ、在外公館の設置と整備が課題にのぼったのであり、この時期に具体化した外交交渉は、いわばそうした理念転換の制度上の表現だったといえるだろう。

ただし、南北アメリカとは関係が新しく、また交渉相手がほぼ独立国だったため、あまり障碍がないままに在外公館を設置して、西洋式の外交交渉に入ることができたのに対し、南洋は必ずしもそうはいかなかった。東南アジアは当時、ほとんど列強の植民地になっており、その宗主国政府が一貫して難色を示したこともあって、領事の設置がなかなかすすまなかったからである。だがそれはかえって、領事設置に関する議論を活潑化させ、南洋地域が従来から有していた清朝との関係、つまり朝貢・貿易の関係と棄民政策の継承いかんという問題との整合性をきわだたせる結果となり、いっそう中華帝国の世界観という問題にむすびついてくるのである。

三 南洋をめぐる秩序の変容

1 保護の転換

このように一八七〇年代から八〇年代にかけて、外交交渉という回路を通じて在外公館を設置し、それにより華人保護を実現しようという議論が台頭してきた。とりわけ南洋地域をめぐるその背景には、一九世紀における近代ヨーロッパの進出と、それにともなって変化した、中国と東南アジアとの関係のあり方があるように考えられる。すなわち、一八世紀半ば以降、特に一八〇〇年前後を転換点として、ヨーロッパ諸国の東南アジアに対する姿勢が大きく変化していった〔家島 一九九三〕。それまでは、拠点となる港湾を確保し、東南アジア各地で収集した物産を貯蔵するための施設をそこに設置し、さらに襲撃や略奪から守るための砦を構えるかたちでの〝点〟の支配と、その物産を輸送するための航路を確保する〝線〟の支配とをくみあわせ、東南アジアの物産をヨーロッパに調達することによって、東南アジア―ヨーロッパ間の価格格差にもとづく中間利潤を確保しようとするものであった。

ところがこの頃から、そうした〝点と線〟の支配は、土地の獲得によるプランテーションの経営など、生産から仕入れ・貯蔵・輸送・販売まで全体を独占的に管理する〝面〟の支配、そうした領域全体におよぶ植民地支配に、支配のあり方を大きく転換していった。こうして一九世紀末には、シャムを除く東南アジアは、ヨーロッパ諸国の植民地化によって、人工的に区分けされてしまったのである。

また、ヨーロッパ諸国は自己の植民地を排他的に支配して、これを本国の政治・経済と直接むすびつけるとともに、植民地との貿易や東南アジアの域内貿易においても、主導権を獲得しようと企図した。するとヨーロッパ商人たちは、東南アジアから中国にいたる南シナ海の貿易で、以前から圧倒的な力をもっていた華人商人のネットワークに対抗しなければならなかった。その際、主導権獲得の方法として、ヨーロッパ諸国は「自由貿易」を主張したのである。イギリスはその先頭に立って、自由貿易を強制する条約の締結を主導した。

しかし、朝貢関係によって管理されていた貿易の、このようなかたちでの「開放」＝自由貿易の原則は、ヨーロッパ商人のみならず、華商に対しても適用されたことはいうまでもない〔菊池 一九九三〕。これは彼ら華商にとっても、さらなる貿易の機会の拡大を意味するものであり、イギリスをはじめとするヨーロッパ商人に通商上の主導権をもたらし、華商の役割が減退することには、必ずしもならなかった。それどころか、現地社会に適応しつつ、東南アジアから中国にいたる南シナ海に広範なネットワークを有する華商は、この地におけるヨーロッパ商人の活動に対しても、不可欠の仲介者となったのである〔白石 二〇〇〇〕。

ただし、彼ら華商は植民地政府から一方的に「外国人」と規定され、差別的な扱いをうけることも少なくなかった。中国とつながりを有し、貿易で特殊な役割を果たしていれば、ただちに現地社会で尊重される地位が獲得できていた時代は、もはや過ぎ去ったのである。華商にとってみれば、経済的な役割は減じなかったのに反して、社会的な地位や待遇だけが低下したわけで、それはとうてい納得できないところであった。郭嵩燾をはじめとして、清朝の官僚があいついで東南アジア各地に訪れるようになったのは、まさにそのような、この地域の秩序と華商の地位が大きく転換しつつある時期だったのである。

東南アジアがヨーロッパ諸国による植民地体制・自由貿易体制に組み込まれたことによって、中華帝国がこの地域に布いていた、華人に対する〝朝貢理念による消極的な掌握、その結果としての事実上の保護〟が機能しなくなった。在外華人をそのまま放置できるならばともかく、彼らがもたらす利益からしても、また王朝の体面からしても、それは不可能であった。そのために今度は、外国・植民地に公使・領事を設置したうえで、たとえば、清朝の公使がロンドンにおいてイギリス外務省に交渉をこころみるなど、植民地宗主国との外交交渉を通じて、またヨーロッパ諸国の秩序原理である国際法によって、つまりヨーロッパ諸国の自国民保護と同様の手段と論理で、積極的な保護に乗り出していかざるをえなくなる。

このような積極的な保護は、従来の〝結果としての事実上の保護〟よりもコストが高くついたが、しかし一方で、国際法が共有されている世界では、国際法に訴えることで、かつては手が届かずに、捨て置くしかなかった遠方の華人の保護をも可能にした。

「普天の下、王土にあらざるなく、率土の浜、王臣にあらざるなし」という儒教的な修辞で、普遍的で際限がないと表現された皇帝の恩恵、中華帝国の伝統的な支配理念は、皮肉にも外交制度の整備と国際法にのっとる外交交渉という西洋の方法で、実現されたわけである。

2 保護から糾合・動員へ

こうして中華帝国の在外華人政策は、棄民政策と表裏一体となっていた事実上の保護から、西洋諸国と同様の積極的な保護へと転換したが、このような動きは、公使の設置・領事の派遣・外国との交渉など、外交の側面ばかりにとどまらない。国家権力や政治集団が在外華人を自らの勢力に囲い込んだり、支持を働きかけたりして、その積極性のベクトルはいっそう強まっていき、華人に対する中国本国の積極的な糾合・動員に帰結することになった。

早い段階の試みとしては、一八八四年に督辦粤防軍務大臣彭玉麟によって、輪船招商局を経営していた鄭観応が、密使として派遣され、東南アジアを歴訪した、ということがある。これは清仏戦争時、中国から朝貢国とみなされていたシャムに居住する華人に働きかけ、シャム国王を動かして、清朝とシャムとでベトナムに拠るフランス勢力を挟み撃ちしようとねらったものである。鄭観応はシンガポール・ペナンの招商局の分局を拠点に、敵情を視察するなどの活動を行った。そのときの情況は、彼が「南游日記」につぶさに書き記しており、やはり華人から領事の設置を通じた保護の要請を受けてもいる〔茂木 一九九〇、一〇八～一一〇頁〕。

戊戌変法失敗の後になると、亡命した康有為が主宰する保皇会は、東南アジアやアメリカ大陸の華人に働きかけて、その支持のもとに勤王運動と清朝政府の改革を進めようとした。梁啓超の「新大陸游記」は、彼がそうした目的でアメリカに赴いたときの旅行記であるが、そこには、居留する華人の境遇のみならず、華工排斥の歴史もくわしく記され、本国に結束をよびかける内容になっている〔吉澤 二〇〇三、一、六三頁〕。また周知のように、孫文・国民党は在外華人の支援によって、革命を果たそうとしたし、清朝の側も、献金する華人商人には、「紳商」として官位を与えることで、自らの側に取り込もうとした。いずれの場合も、在外華人の糾合と動員、およびそれに対する華人の側の呼応の顕著な動きであったといえるだろう。

在外華人への関心は、それにとどまらない。アメリカ合衆国が一九〇四年、華工の移民を禁止する法律の延長を決めたため、翌年、大規模な反アメリカ運動がおこる。これは中国の主要各都市が組織的に連繫団結して、アメリカ商品に対するボイコットを行う、というかたちですすめられた。この運動のなかで、中国国内の各地においてのみならず、異郷にいる華工に対しても、人々の間に同胞たる「中国人」という意識が生まれ、「愛国主義」の確立にむすびついたのである〔吉澤 二〇〇三、四八～八六頁〕。

清朝最末期の一九〇九年、オランダ領東インドの措置に対抗して制定された国籍法によって、血統主義が採用され、「中国人」の規定が、中国文化を受け入れたものという曖昧な通念から、具体的かつ明瞭なかたちで規定されるようになった。これによって、中国政府が保護・統合すべき「中国人」であるか否かが、誰の眼にも明らかに識別されるようになり、在外華人を取り込もうとする動きは、ますます明瞭な政策・運動として定着していった。

辛亥革命以後も、北京政府に対抗して成立した広州政府は、議会に在外華人代表の議席を設けたし、内戦に敗れ、台湾に遷った国民党は、しばらくの間内向きになっていた共産党に対抗して、積極的に在外華人への働きかけを行って、その支持を獲得することで中国の正統政府としての証しにしようと企図した。一九九〇年代に実施されるようになった総統選挙にも、当初、「華僑参政権」を認めるか否かをめぐり、議論がなされていた〔王 一九九二〕のである。

一方、一九四九年九月、中華人民共和国建国準備のために開かれた人民政治協商会議には、「国外華僑民主人士」代表が参加している。そこで採択された共同綱領の前文には、新政権を構成する統一戦線の一員として、「国外華僑」が明記されている〔田中 二〇〇二、五三、二二一頁〕。また、一九五四年憲法では、華僑の選出した代表を全国人民代表大会の構成要素として明記し（第二三条）、その条項を削除（七五年憲法）した後も、国務院の職権として「華僑の正当な権利を保護」することをはっきりと規定している（たとえば、八二年憲法第八九条第十二項）。さらに改革開放後の中国が、華人ネットワークを積極的に活用しようとしたことは、すでに周知の事実だろう。

おわりに——華人観の連続と非連続

棄民政策から在外華人の積極的な保護、そして糾合・動員へ。以上にみてきたような統治論理のこうした転換は、しかしながら歴史の一方的な断絶を意味するばかりではなかった。一定の領域を越えて、ヒトの保護・掌握を問題にするあり方は、実は、従来の伝統的な天下国家・中華帝国の統治論理とも親和性をもち、これをいっそう補強するものでもあった。

「中華」とはそもそも領域に関わらない普遍主義的な概念であった。中国文化に他ならない「文化」を受け入れることによって、誰もが本来的には「中華」に変ずる可能性をもっており、中国王朝はそうした「文化」を受け入れたもののみを支配（＝保護）の対象としたわけである。ただし、その統治のあり方は、王朝の側から積極的に教化を施そうとするものではない。漢人の居住空間の拡大とそれにともなう周辺の漢化＝中華化を教化の達成として追認したり、また一方では「版図」内にあっても、中華化を受け入れない者は、たとえば台湾の「生番」は、これを「化外」において統治の対象とはしなかったり、とあくまでも消極的な追認であった。

一九世紀の末期になって、在外華人の例に典型的にみられるように、ヒトを統治する論理は、上のような消極的な追認から積極的な統合へ転換した。そしてそれによって、「中華」であるとみなされるヒトの支配（＝保護）についても、一定の領域を越えて浸透するように、積極的に作用していくこととなった。これは、それ以後も続く中国の在外華人取り込み政策を無理なく定着させ、かえってこれを促進させることになったわけである。

このような転換をあらためて考えてみると、中国の統治理念は、領域とは別の次元で、ヒトが「中華」であるか否か、具体的にいいかえるなら、教化を受け入れたか否か、中国政府の支配の手が及ぶかどうか、を問題にしていたことがわかる。つまり教化を受け入れ、「中華」であるヒトを分け隔てなく扱う、という中華帝国の伝統的な普遍主義的理念は、近代になっても、その点では一貫していた。棄民と保護とは、消極的な追認か、積極的な統合か、というベクトルの違いにすぎず、政策の全面的な転換とは必ずしもいえないわけである。

その支配は今度は国際法に立脚することによって、さらに広範囲にわたって及ぼすことができるようになって、それを例外なく積極的に及ぼすことが求められたために、普遍主義はいっそう徹底された。当時、保護論を積極的に展開した人々が、従来の政策をむしろ不備として認識し、保護論を主張しながらも、伝統的な理念を用いつつ、徳治のさらなる徹底をいうだけで、そこに必ずしも大きな論理の転換や飛躍を認識していないのも、そのためであろう。たとえば、李鴻章の上奏には、次のようにいう。

平時にあいつながりあう心がなくては、有事にどうして尊親の念を動かすことなどあろうか。今もしペルーやキューバ諸島に、それぞれ使節を派遣して官吏を設け、華人たちの危急を救えば、以後は海外の華人はみな、絶海の孤島においてもなお、一人の寄るべを失うに忍びざる朝廷の意向を知って、忠義の心がわきあがってくるのを抑えきれなくなるだろう。〔『李文忠公全集』「奏稿」巻二五、三五葉〕

このように、李鴻章は積極的な保護への転換を、朝廷の「忍びざる心」〔『孟子』公孫丑上〕によって、民が朝廷に対する「尊親の念」や「忠義の心」を自ずともつようになる、という儒教的仁政の論理で説明していた。朝貢では仁政の機能しない地の民に、在外公館と万国公法によって、仁政を施すわけである〔茂木 二〇〇二、三三頁〕。

したがって公使館・領事館は当初、アメリカや南洋に関するかぎり、こうした普遍主義の徹底をはかるための制度的な手段であった。だからこそ第四章でみるように、領事館の設置にはその目的と方法で論議がたえず、また第五章で述べるように、初期公使館の構成が西洋の専業的な外交機関になりえなかったともいえる。

一八八〇年代における中華帝国の再編で確立した「領土」支配とは、従来の「版図」にもとづいて、これを閉じた系に囲い込んだ「領土」に置き換えながら、それを徳治・教化の理念で正当化するものだった。「普天の下、王土にあらざるなく」と唱えられる天下国家の王土思想は確かに放棄され、その時点での「版図」を「領土」とするようにはなった。けれども、その固定化・絶対化された「領土」のなかでは、積極的な囲い込み、例外を認めない均質かつ全面的な中華化＝中国化が行われた。この時期に進められた新疆省・台湾省建省や、朝鮮への宗主権強化にみられるような辺疆・周辺地域への直接的・積極的な干渉・支配の強化がそれであり、その点で伝統的な普遍主義は、近代になってかえって徹底した。(2)

しかし、「中国」を「領土」として限定し固定化する動きは、「中華」の一方的な縮小に帰結したわけではない。朝貢の理念によって消極的選択的、柔軟に掌握していた「版図」外の「中華」としての存在（＝華人）をも積極的に保護して囲い込み、動員の対象にしていった。ヒトの支配においても、「率土の浜、王臣にあらざるなし」と唱えられる王朝国家の普遍主義は、「領土」の場合と同じく徹底していくのである。

在外華人保護の主張は、この時期「中国」を排他的に囲い込み、その統合を守る――〝何処を中国として守るか？〟〝何を中国として守るか？〟――という大きな課題の一環――〝誰を中国として守るか？〟――であった。このような「領土」内外での「中華」「中国」の保持・統合へ向かう中華帝国の近代的再編は、以後、二〇世紀を貫く中国ナショナリズムの基盤形成にとっても、大きな画期であったともいえるだろう。そして在外公館と外交交渉も、在外華人の保護からナショナリズム実現の手段へ、とその役割を拡大していくのである。

（1） そうした観点から見れば、郭嵩燾が領事という官職そのものをどのように考えていたのかも興味深い。彼は上奏の中で、西洋諸国では通商を「制国の本」とするため、領事の設置が重視されていること、中国はこうした西洋諸国とは異なることを強調して、経費のかからない開設方法を建議しており、領事の役割を在外華人の「保護」「管轄」のみに限っているように思われる。その後の日本駐英公使上野景範との会談でも、アメリカに日本商人はいないのに、なぜ領事を置くのか、という疑問を発し、領事を通じたその官民一体の通商政策を耳にして、これは中国のおよびえないところだと嘆じている〔『郭嵩燾日記』光緒三年十月初八日の条、三三八頁)。

(2) 中国伝来の「華夷思想」と西欧型の「民族ナショナリズム」「文明ナショナリズム」とは、近接類似して互いに「共鳴」「混濁」しやすい、という指摘がある(杉山 一九九七、一七九〜一八〇頁・吉澤 二〇〇三、二一七頁)。一九世紀末におこった中華帝国の近代的再編、近代における伝統的な普遍主義の徹底は、この「共鳴」「混濁」をひとつの理念的契機としていた、とみることもできるだろう。

第III部
「外務」の時代

第七章　韓国の独立と清朝の外交
――独立と自主のあいだ――

岡本隆司

はじめに

一八八〇年代は清朝にとって、対外的な危機が高まった時期であった。それまでの朝貢国があいついで列強に併合され、辺境は脅かされ、海外に居住する華人も排斥される。そんな情勢をうけて、清朝もこの時期、自ら対外関係のありようを変えはじめた。

そのさなか、一八九四年に勃発したのが日清戦争である。周知のとおり、清朝はこの戦争に大敗して、未曾有の変革を強いられてゆくが、それは国内政治にとどまらず、外政にまでおよぶものであった。本章はその事例として、朝鮮との関係に注目したい。当時の情勢を表現する典型的な一局面をなすからである。

日清戦争を終結させた一八九五年の下関条約は、その第一条に、清朝は朝鮮を「完全無欠の独立自主の国」と認める、と謳った。いうまでもなく勝利した日本が、朝鮮を属国と位置づける清朝の宗属関係を否定したものである。そして、一九〇四年におこった日露戦争の結果、韓国は日本との保護条約締結、独立喪失を余儀なくされた。朝鮮そして韓国の国際的地位は、十年のあいだにめまぐるしく変わったのである。

朝鮮が下関条約後ただちに、そのまま独立したのか、といえば、もちろんそうではない。清朝からの「独立」は、一八九七年の大韓帝国成立、一八九九年の通商条約締結という二つの段階を経て、ようやく達成されたものだった。つまり「独立」を掲げた下関条約から、それが実現するまで、四年もかかっている。しかもその独立は、実質的に五年しか続かなかった。それならなぜ韓国の独立とは、かくも現実化に困難をきたしたのか。こうした歴史的過程をみちびいたものは、何だったのであろうか。

もちろんこの問題に関わる研究は、汗牛充棟ただならぬほど存在する。だがそれは、たとえば日露戦争前史、韓国併合前史という視角が一般的であり、そのために時期的には一九〇〇年以後に、国別には日本と韓国に重点がある。いいかえれば、一九〇〇年以前、そしてもう一方の当事者だったはずの清朝の動向には、あまり注意をはらっていない。

その清朝もまた、その十年間にめまぐるしい変化を経た。一九〇〇年以前は、いわゆる戊戌変法から義和団にいたる過程に重なる。その経過は清韓関係、東アジアの情勢変動にいかなる影響をおよぼしたのか。この問いはやはり、ほとんど手つかずのままであるといってよい。

そこでここでは、一九〇〇年を中間点とする十年間のうち、むしろ前半の経過に注目し、当時の国際関係と清韓関係から、日露戦争をみちびく一九〇〇年以後の歴史的前提とその意味を考えてみたい。また同時に、清韓両国の変貌がそれとどのように関わっていたのか、以後の歴史過程といかにつながってゆくのか。そうした問題にも、論及していきたいと思う。

一　甲午改革から俄館播遷へ

日清戦争以前の朝鮮半島をめぐる国際情勢は、私見によってごく簡単にまとめれば、次のようになろう。清朝が朝鮮を「屬國」と主張しながら、それがなお西洋近代的な属国にはならない、具体的にいえば、朝鮮に対する完全な保護権を掌握しきれていない一方で、朝鮮は清朝に対する「屬國」をなるべく狭く解釈し、内政外交の「自主」を主張しながら、清朝もふくむ不特定の他国に自国の保護を依頼する、という情況であった。朝鮮半島の政治的軍事的な保護権がどこに帰属するか一定しない「曖昧」な情況のまま、「属国自主」というかたちで、微妙な「勢力の均衡」を保っていたわけである〔岡本 二〇〇四〕。こうした情況を一変させたのが、日清開戦であった。

1　日本の後退と蹉跌

それなら、日清戦争以後にありうる朝鮮の国際的な地位とは、いかなるものなのであろうか。それについては、一八九四年八月一七日の日本政府の閣議に、外相陸奥宗光が提出した案が参考になる。

甲、……朝鮮ヲ……依然一個ノ独立国トシテ、全然其自主自治ニ放任シ、我ヨリモ之ニ干渉セス、亦タ毫モ他ヨリノ干渉ヲモ許サズ、其運命ヲ彼ニ一任スル事。……

乙、……朝鮮ヲ名義上独立国ト公認スルモ、帝国ヨリ間接ニ直接ニ、永遠若クハ或ル長時間、其独立ヲ保翼シ、他ノ侮ヲ禦クノ労ヲ取ル事。……

丙、……嘗テ英国政府ガ日清両国政府エ勧告シタルガ如ク、朝鮮領土ノ安全ハ、日清両国ニテ之ヲ担保スル事。

……

丁、……朝鮮ヲ以テ世界ノ中立国ト為サン事ヲ、我国ヨリ欧米諸国及清国ヲ招誘シ、朝鮮国ヲシテ恰モ欧洲ニ於ケル白耳義瑞西ノ如キ地位ニ立タシムル事。……〔『日外』二七巻一冊、六四六～六四九頁・『蹇蹇録』一五八～一六〇頁〕

これはあくまでも、日本の立場から想定した選択肢であり、またそれぞれが同じ比重ではなかった。したがって確認しておきたいのは、四案とも現状の変更である、という点であり、それだけに、日本と利害を同じくしない国ならば、日本がとった以外の、もしくはこの四案以外の選択肢をも構想しうる、という点である。

日本は周知のように、基本的に乙案の「名義上」の「独立国」化、つまり事実上の保護国化を採択した〔柳 一九八四、一三二～一三四頁〕。それは日本政府が、丙案にあがった二国間の共同保護と丁案の多国間の中立国化を、結果として最終的に、放棄したことを意味する。前者は一八八五年の天津条約締結直後にいったん俎上にのぼり、日清開戦過程でふたたび浮上した案であり、後者は一八八二年の壬午軍乱以来、やはり多かれ少なかれ、日本側の心中から去らなかった構想であった〔岡本 二〇〇六b〕。形態は異なっても、他国との共同を前提とする点で、この二案は共通しているから、これを放棄したということは、日本は朝鮮の地位に対し、他国との共同はしない、との方針をとるにひとしい。日清開戦にあたって、朝鮮半島の利害が日清両国の争いに収斂した、との判断によったのであろうし、その方針の実行が戦勝を前提にしていたのも、いうまでもあるまい。

日本は戦争に勝利して、講和条約で朝鮮の「独立自主」を明記した。それは清朝の「属国自主」を否定すると同時に、日本が「其独立ヲ保翼」する意味もこめたものである。そこで開戦の名分としていた朝鮮の内政改革が、その手段となる。それが甲午改革であった。

いわゆる甲午改革については、内容も意味もすでに周知だろう〔柳 二〇〇〇・月脚 一九九五〕から、細かいことはいっさい省略する。それはすでに明らかになっているように、朝鮮政府の「自主」政策が、日本の圧力もくわわって、いっそう強化された側面をもっており、必ずしもそれまでの政策方針と矛盾するものではなかった。

しかしながらこの甲午改革が、日本の軍事的圧力を背景にして推進された側面を有する以上、その実効は日本勢力の強弱に左右されるものであったし、朝鮮側とまったく利害が一致するというわけにもいかなかった。日清戦争中から井上馨公使の主導ですすめられた改革〔柳 一九八四〕は、三国干渉で苦境に陥って、以後も改革の動きは、ことあるごとにロシアの掣肘《せいちゅう》をうけることになる〔月脚 一九九九、二四九〜二五〇頁〕。しかもこの改革は「宮中の非政治化」をめざした〔森山 一九八七、三四〜三九頁・月脚 一九九五、七七〜七九頁〕ため、朝鮮国王高宗・王妃閔氏の反撥をもさけられなかった。

こうして進出を阻まれた日本側は、業を煮やして、ついに乙未事変をひきおこす。すなわち、一八九五年一〇月八日の三浦梧楼公使による閔妃暗殺事件である。ところがこれは逆に、朝鮮国内での反日の動きと親ロシア勢力を結びつけ、甲午改革の最終的な挫折をもたらした。一八九六年二月一一日のいわゆる「俄館播遷」がそれである。

2　ロシア進出の意味

国王はじめ宮中が外国公使館に避難するという、きわめて異常な事態はおよそ一年間つづく。政府のありようは異常ながらも、このあいだに朝鮮内外の情勢は、かえって若干の安定を回復することになる。甲午改革中にも絶えなかった朝鮮の政争がひとまず決着したとともに、ロシアのニコライ二世戴冠式での秘密外交が効を奏したためであり、そのあたりを少し具体的に見ておこう。

まず第一に、俄館播遷は朝鮮国内政治の文脈で見れば、親露派が第四次金弘集内閣を打倒したクーデタでもあった、ということである。このとき金弘集・金允植・魚允中が、生命的・政治的に抹殺された。それは単に朝鮮政府内部の政権交代と対外政策変更を意味するにとどまらない。

日清戦争以前より、しばしば外交折衝の局に立ったかれらの役割を、対外関係史の視点からまとめると、次のようになろう。一八八〇年代以降、ややもすれば清朝・日本、そして列強と一方的に結びつこうとする党派の間にあって、つねに極端な動きを抑制する役割を演じ、清朝との伝統的な関係に配慮しつつ、しかもゆきすぎた清朝の圧力には決して屈しない、いわば節度を保つバランサーとなっていた。「穏健開化派」と称せられるゆえんであり、またその存在は、日清戦争以前における朝鮮の「属国自主」のありようをいわば象徴していたのである。そうしたかれらが、「親日」たらざるをえず、そのために倒された、というのは、清朝のプレゼンスが、あるいは「属国自主」が、朝鮮の政治に直接的な影響をおよぼす時代の終焉を象徴している。

第二にあげるべきは、日清戦争中よりひたすら、単独の朝鮮進出をはかってきた日本側が、その後退を事実上みとめたことである。ソウルでの小村・ヴェーベル覚書、モスクワでの山県・ロバノフ協定の締結は、いわば俄館播遷下の情況を追認した事実をあらわしていよう。

もっとも、山県有朋が朝鮮半島の勢力画定を提案したり、小村寿太郎の覚書が、

朝鮮ハ到底他ノ強国ノ補助ナクシテ独立ト云フ事ハ断然出来ザルベシ。依テ同国ニ対シ尤モ利益ヲ有スル日露両隣国共同保護ト云フ義ハ至当ノ事ナルベシ。又此事ハ特ニ露ニ対シ後日ノ云ヒ草ニモナルコト故ハツキリ定メ置ク事、大ニ必要ト信ズ。

と上申したように、この事態は日本側の希望的な観測では、朝鮮に対する日露の「共同保護」とみるべきものであ

った〔『日外』二九巻、七五五、八一六〜八一八頁〕。

第三は、山県・ロバノフ協定と時を同じくして、ロシアが清朝・朝鮮とも協定を結んだことである。露清間のそれは有名な一八九六年六月三日の李・ロバノフ条約、つまり露清秘密同盟条約である。日本に対抗して清朝・ロシア両国東方の安全を保障するもの〔矢野 一九三七〕だが、清朝の弱体化とロシアの極東進出を象徴するばかりではない。朝鮮の対外関係の文脈でみるなら、大陸から朝鮮半島に及んでくる政治的・軍事的影響力の主要な担い手が、清朝からロシアに交替したことも意味する。

露朝間の協定は、特命全権公使として派遣された閔泳煥が結んだものである。前年一〇月に挫折した、欧米諸国への「大使」派遣の実現という一面をもつとともに、やはり日本に対抗するために、ロシア側からの援助を得るねらいがあった〔月脚 一九九九、二五〇頁・高 一九七〇・李 一九九〇〕。

この時期を日露の角逐とみて、両国の朝鮮「保護国」化への争いととらえる向きもある。それは見方によっては、たしかにまちがっていないものの、それだけでは不十分であろう。日清戦争による清朝の軍事力崩壊によって、大陸側から朝鮮に直接かかる軍事的圧力が軽減し、それに代わってロシアが登場した。ロシア本国の関心は当時、満洲に重点があって、朝鮮半島には直接の軍事的利害を有するに至っていなかった〔Sasaki, 1984, pp. 46-62; Пак, 2004〕が、それでも朝鮮においては、親露の党派と結びついて、日本の勢力をおしもどすに十分だった。一方で日本は後退しながらも、全面的に朝鮮から手を引くはずもなかった。朝鮮側の頼るべき保護と忌むべき侵略の担い手として、ロシアと日本が厳存した事実にまちがいはないものの、当時の情況としては、朝鮮半島で決定的な優位に立つ外国勢力はなお存在せず、相対的なロシア優勢・日本劣勢という構図のなか、朝鮮の地位は法的に曖昧なまま、ひとまずの安定をみたといえよう。

日清開戦時に陸奥宗光が立てたプランにたちもどってみれば、乙案をはじめ日本が期していたものは、すべて否定されたことになる。強いていえば、日本にとって事実上、丙案の二国間の「共同保護」状態、しかもかつては清朝だったその相手を、ロシアに置き換えた形勢であった。その意味で、一八八五年の天津条約直後の情勢を髣髴《ほうふつ》とさせるものであって、一八九六年五月はじめ、イギリスが日本に朝鮮の中立化案を提示した事実は、そうした形勢を裏づけよう。イギリスは朝鮮の国際的地位が曖昧なために、ロシア勢力がそれを利用して、朝鮮を「保護」国化することを恐れており、とりわけ山県有朋のロシア奉使に対し、日露間に何らかの了解が存在する、との猜疑を抱いていた（『日外』二九巻、五八二～五九五頁）。それは一八八〇年代の後半にくりかえし、露朝密約が取り沙汰され、その対抗として各方面から、朝鮮の中立化が提起された経過と構図が同じである。また結局は中立化が実現せず、にもかかわらずそれなりの安定を保った経過でも、やはり当時と共通していた。

二　大韓帝国の成立と清朝の変容

1　朝鮮の「独立」

清朝から「独立」しようとする朝鮮政府の措置は、すでに甲午改革の時から着々ととられていた。この点は日本と利害が一致していたからである。たとえば、このとき「建陽」という独自の元号を建てたり、高宗を「国王殿下」ではなく「大君主陛下」と呼んで、外交儀礼を変えたりしたことは、従来の対外「自主」に立脚した「脱属邦化」ともいえるものである（月脚 一九九五、七〇～七三頁・月脚 一九九九、二四〇～二四七頁）。そうした志向は、俄館播遷を経て日本の圧力から逃れても、変わることはなかった。

朝鮮政府はひととおり内外の政情を安定させると、なおつづく治安の悪化や独立協会の批判に悩まされながらも、清朝への働きかけを開始した。一八九六年六月にはすでに、清朝との関係を公式に改めるべく、ソウルに駐在する委辦朝鮮商務総董の唐紹儀に条約締結の打診を試みている。

しかしながら、この交渉は難航した。以後三年間つづく交渉の詳細な経過は、明らかになっている〔李 一九八二、四四六〜四四八頁・李 一九八四、四一七〜四二一頁・小原 一九九五、四九〜五二頁・茅 二〇〇五、四四七〜四六一頁〕から、くりかえさない。問題となる論点をとりあげるにとどめよう。

まず第一に、朝鮮が清朝と対等の地位に立つことを、当の唐紹儀はじめ、清朝側が容易に認めようとしなかったことである。これには、日清戦争敗戦で強いられた、朝鮮の「完全無欠の独立自主」化をなるべくせまく解釈し、「屬國の體」の存続をはかろうとする清朝の態度が作用していた。

清朝は日清戦争以前、ヴェトナム・ビルマなど、「屬國」が列強の植民地になるたび、なおもそれまで清朝の「屬國」であったことを示す方策を講じており、そうした例と同じだといえる。その点で、秩序・政治的認識が「大きくは変化していな」い〔小原 一九九五、五六頁〕というのは、たしかに正しい。

ただし注意しておかねばならないのは、清朝側がそうした態度をとるにあたって、「公法」「西例」を基準におくようになった点である。

唐紹儀の反駁にも、「公法に明記されている」と何度もことわったうえで、「宮廷を他国の公使館に借りている」ような君主を「独立国主と称することはできない」、俄館播遷状態で他国の「保護」を受けているような朝鮮は、「独立の権がなく」「藩屬と異ならず」、対等の条約・関係をむすびがたい、という。たとえ「自主」であっても、それは「旧来のきまりを行わないにすぎない」のであって〔『中日韓』四八五六〜四八五七、四八九九〜四九〇一頁〕、清朝はいわば、朝鮮の「自主」は承認しても、けっして「独立」を認めようとはしなかった。

一八九六年一一月に唐紹儀を朝鮮総領事に任命するのも、清朝と「対等」でないことを表現するために、当時のイギリス・ドイツの例にしたがったものである〔『中日韓』四八七三〜四八七四、四九五八〜四九五九頁・権 一九八四、二一五頁・小原 一九九五、五一頁〕。「公法」にしたがわざるをえないから、日清戦争以前の袁世凱のように、各国とまったく異なる肩書はもてなかったのであり、ここにも当時の清朝の立場があらわれているといえよう。

第二に、朝鮮側の動向である。高宗は翌一八九七年の二月、ロシア公使館を出て慶運宮へ還御し、八月には新しい元号「光武」を施行、一〇月、皇帝に即位した。大韓帝国の成立である。独立門の建設・国慶節の改定など、いわゆる光武改革期の措置が、もりあがってきた反清ナショナリズム運動の高揚〔月脚 二〇〇一・月脚 二〇〇五〕に乗じて、対清「独立」の推進をねらっていたことはいうまでもない〔宋 一九七六・月脚 一九九九、二五〇頁〕であろうが、上で見てきた清朝との交渉経過が、こうした動きにいかほど作用していたかはわからない。

しかし朝鮮政府は以前から、「還宮」に向けたロシアとの交渉を続けていたし、高宗の「還宮」・皇帝即位以降も、独立協会の主張を容れて、顧問・教官の雇用中止や露韓銀行の撤収など、ロシア権益を縮小する動きに出ている。意識したかどうかは別として、それが清朝側から指摘されていた「保護」の払拭をはかる措置であったのはまちがいない。朝鮮ないし韓国は一八九七年になって、ロシアと清朝の双方向にバランスをとりながら、その国際的地位の向上と確定をめざす動きに打って出たのである。

それでも清朝側の態度は冷淡だった。清朝は当初、朝鮮を「対等独立〔平行自主〕」だと認めたことはないから、高宗に「尊号を加えようとする」ことも認められない、とさえ伝えていた〔『中日韓』五〇四〇、五〇四一頁〕。しかし各国が大韓帝国成立に目立った異議をとなえないなか、清朝も「公法」にもとづく立場をとり、列強と異なる特別な地位にない以上、ひとり韓国と無条約の関係でありつづけることは不可能になりつつあった。

2 清韓の条約締結

韓国政府は一八九八年に入って、清朝政府に交渉の再開をはたらきかけ、列強も清韓関係の改変を提案しはじめた〔権 一九八四、二二二～二二三頁・茅 二〇〇五、四四九～四五一頁〕。唐紹儀の総領事任命で、ひとまず問題をおわらせたつもりだった清朝の側も、こうなると、韓国との関係を再考しなくてはならなくなる。

清朝側の一貫した立場は、韓国とあらたな関係をむすぶにしても、「昔年の主・僕の別を示す」ような形にすることにあった。韓国ではなく清朝のほうから使節を派遣し、条約ではなく「通商章程」をとりきめる、というシナリオである〔『中日交渉』巻五一、三五、三七葉〕。その立場からすれば、韓国側が提案していたような、北京に使節を派遣し、韓国の使節が清朝皇帝に国書を捧呈して、対等の形式で条約を締結する、という手続は容認しがたい。

しかし総理衙門は、ロシア・日本・イギリスから、たびかさなる清韓条約締結の勧告をうけて、ついに七月はじめ、韓国の使節派遣をうけいれる方針に転じる。韓国は代理公使を派遣し、その国書は総理衙門がとりついで、皇帝への謁見はゆるさない、という留保条件をつけて、折り合おうとした〔『中日交渉』巻五一、四〇葉〕。これでなんとか韓国を、清朝の下位に置くことができるからである。

ソウルの唐紹儀はこれに対し、なお清朝から使節を派遣することに執着する。韓国からの使節派遣はやはり「體制に關わるところ」、旧来の上下関係を示す点で難があるためであり、また条約を締結する使節が、国書を相手国元首に捧呈しない事例は、「公法」にほとんどみえない〔『中日交渉』巻五二、一、二葉・権 一九八四、二二六～二二七頁・茅 二〇〇五、四五二～四五三頁〕からであった。

この両者のやりとりに八月五日、光緒帝が断をくだし、韓国側の希望をすべてうけいれるべし、という諭旨がくだった。まもなくその趣旨は、清朝からの使節派遣に方針を転じた〔『中日交渉』巻五二、三葉・権 一九八四、二二七頁・茅 二〇〇五、四五三〜四五五頁〕けれども、一八九六年以来すすまなかった清韓間の条約締結は、これを転機としてにわかに動き出し、現実の日程にのぼる。総理衙門は韓国派遣使節の人選に着手し〔『中日韓』五一三三頁〕、出使朝鮮大臣に任命された徐寿朋が、翌年はじめソウルに赴任し、条約交渉に入った。

このように経過をたどってみると、なぜ一八九八年の夏において、清朝側の態度が条約締結に前向きになったのか、という疑問が浮かんでくる。これを明示してくれる史料は、いまのところ手許にはない。だがその条件を国際的・国内的にあげることは可能である。

国際的には何といっても、この年に入ってからの中国における利権獲得競争の本格化である。三月のドイツの膠州湾租借にはじまる「瓜分」は、東アジアの列強勢力角逐をいっそう激化させる契機となった。とりわけロシアの旅大租借が、日本・韓国・清朝に与えた影響は大きい。清朝がこの危機に直面して、いわゆる戊戌変法へ向かってゆくのは、周知のとおりであろう。

戊戌変法が近代国家建設をめざした国内体制の変革であることは、くりかえすまでもあるまい。もっともそれが清朝の対外秩序・外政方針に、いかなる影響を、どこまで変化を及ぼしたのかは、いまなお判明していないところが多い。治外法権撤廃を中心とした条約改正〔『戊戌政変記』三六〜三七頁〕をはじめ、これまでの対外関係をあらためようとする動きは、たしかに目につく。けれども個別具体的な外交政策については、変法の推移を通観しても、十分にとらえることができない。

そのなかで、八月のはじめに韓国との条約締結へ大きく舵をきった動きは、光緒帝のイニシアチブによるものだった、とする説がある〔茅 二〇〇五、四五三、四六一〜四六二頁・金 二〇〇八〕。しかしそれが光緒帝ひとりの専断によっていた、とはとても考えられない。だとすれば、やはりこのとき、韓国を旧「屬國」とする従来の認識から「友邦」〔『中日交渉』巻五二、二葉〕と位置づけなおす転換が、清朝内部であったとみるほかはないのである。[1]

戊戌変法がもとづいていたのは、周知のように、中国旧来の「華夷」の「一統」から「列国」の「並立」「並争」へ、という世界観の転換であり〔坂野 一九七三、四三〇〜四三一頁〕、その外政における表現は、「外務に通曉」することであった〔『戊戌変法』一四〇、一五一頁〕。当時「外務」というのは、西洋列国の国際関係における外交をさす漢語である〔岡本 二〇〇七c、二六五〜二六六頁〕。「屬國」から「友邦」へと位置づけをあらためて、韓国との条約締結にふみきった決断は、そうした転換を忠実に反映するものだったといってよい。[2] 清朝はこれ以降、韓国との「交際之禮」にあたって、「各國の通例と相ひ符す」〔『中日交渉』巻五二、七葉〕ようつとめることになる。

総理衙門大臣の張蔭桓が馬建忠と協力して起草し、徐寿朋がたずさえた国書にも、

比年、環球各國、均しく自主・自保を以て公義と爲す。是を以て、光緒二十一年の中日馬關條約の第一款にて、中國は朝鮮國の獨立自主を議明す。

とある〔茅 二〇〇五、四五七〜四五八頁〕。清朝においてもようやく、韓国の「自主」と「独立」が一致して、正式に韓国「独立」を承認することになったわけである。そしてこの路線は、戊戌政変を経て、いわゆる反動的・保守的な気運が最高潮に達し、欧米に対する政策が排外に転じても、変化することはなかった。その清朝政府内の構造的な要因はまだわからない。けだし今後の課題であろう。

ともかく一八九九年になって、韓清通商条約の交渉、そして締結にこぎつけたことで、[3] 韓国側もようやく、「大韓国国制」第一条で、「大韓国は世界万国に公認されたところの自主独立の帝国である」と公言できるようになっ

たのである。

三　一九〇〇年の転換

1　「属国自主」から「独立自主」へ

以上に述べてきたところでまちがいないとするならば、一八九九年、名実ともに達成をみた韓国「独立」は、国際的要因の微妙な複合で成り立っていたといわざるをえない。

一八九四年以来の日本主導の「独立」への動きは、まもなく朝鮮政府・ロシアの忌むところとなって挫折した。もちろん、かりにその「独立」が実現していたとしても、日本の目標が「保護国」化であった以上、いつまでそれが継続したか、真の独立となったかは、大いに疑問である。一八九六年の俄館播遷は、その挫折を決定づけたものだが、ある意味で、日清戦争以前、朝鮮半島を軍事的に手つかずの状態にした「微妙な勢力の均衡」〔岡本 二〇〇四、三七五頁〕を再現するものとなった〔宋 一九七六、一〇一頁〕。当時のロシア側にいわせても、それが朝鮮の「独立の原則」〔Романов, 1928, с. 143; Пак, 2004, с. 197〕という状態だったからである。朝鮮政府はこの状態からあらためて、「独立」をめざすことになる。

これに対する清朝側の態度は、一見したところ、朝鮮を「屬國」視してきた日清戦争以前のそれと大差ないようだが、「公法」を標準にするようになったところは看過できない。そうであればこそ、むしろ逆に、俄館播遷下にあった朝鮮政府を「独立」政権とはみとめがたい、として、容易に朝鮮側の使節派遣・条約交渉要請に応じようとはしなかった。

これに転機をもたらしたのが、一八九八年三月、ロシアの旅大租借である。この中国「瓜分」の動きは、清朝国内の変革への気運を高め、いわゆる戊戌変法をみちびき、ひいては対外的な態度をも大きく転換させた。華夷観から国際観への変化であり、韓国に対する態度と行動でいえば、「屬國」から「友邦」への変化である。清朝政府はここでようやく、高宗が皇帝に即位し、大韓帝国となっていた既成事実をも承認して、一八九九年に通商条約を結んだのである。

みのがしてはならないのは、ロシアの旅大租借が清朝はもとより、韓国・日本にも大きな警戒をかきたてたにもかかわらず、当初においては、一八九六年以来の政治的軍事的な「勢力の均衡」構造に大きな変動を与えていない、という事実である。日本が後退し、ロシアも決定的な進出をはたさない、という後者の比較優位のもと、朝鮮半島に手をふれないまま、かろうじて均衡を保った勢力配置は、このときもなお続いていた。

清朝は日清戦争の敗北と北洋軍の潰滅で、朝鮮半島に対する影響力を失っていた。それでも、国境を接するロシア・韓国とまったく無関係ではありえない。もはや対外的に大きな軍事力をもたなくなったにせよ、満洲を領有しているかぎり、依然としてロシアと朝鮮半島を隔てていた。清朝の存在は消極的ながら、「勢力の均衡」維持に寄与したわけである。

ロシアの旅大租借にさきだち、韓国の独立と内政不干渉をとりきめた西・ローゼン協定の締結にあたって、日露のあいだで一種の満韓交換がほとんど合意に達しながら、最終的にはまとまらなかった、あるいは、まとまらなくともよかった事実経過は、当時のそうした情勢を物語るものだといってよい。

韓国政府内部についていえば、外政に関わるその権力構造は、影響力の大きいロシアと日本、それにアメリカを加えた列強それぞれに結びつこうとする親露・親日・親米の党派が形成され、各派が対立抗争、相互牽制をくりひろげるなかで、皇帝高宗がその独裁的地位を安定させるべく、いずれをも突出させないよう制御した、というものである。これは対外政策としては、「勢力均衡政策」とよびうるけれども、列強に対しては、相互に牽制させ、勢力を均衡させる以外に、それ自体が能動的、積極的な内容をもたなかった。上述の国際的な「勢力の均衡」をもたらしたのは、まさに列強自身の動きであって、「勢力均衡政策」はそれに連動した所産にすぎない〔森山 一九八七、五六～六一頁〕。

それに対し、清朝との関係では、それがもはや党派勢力の消長と連動しなくなったために忌憚が激減し、積極的な行動をとることが可能となる。朝鮮は日清戦争以前より、日本および西洋諸国との関係では「自主」であった。もっともそれは、とりもなおさず「属国自主」であるから、これを「独立自主」に置き換えるには、従来の「自主」を成り立たせた「勢力の均衡」をそのまま保持しつつ、なおかつ清朝の「屬國」を否定しなくてはならない。「自主」の存続に相当するのが、日本の一方的進出を意味した甲午改革の否定とそれを確定した俄館播遷以降の情勢であり、「屬國」の否定にあたるのが、甲午改革の成果を継続させた大韓帝国の成立とそれを確定した清朝との条約締結だった。「属国自主」から「独立自主」への転換は、国際的な「勢力の均衡」という状態に、韓国の地位を「屬國」から「友邦」へ変化させた清韓関係が加わって、はじめて達成できた、とみることができよう。

2 「独立自主」の破綻

そうだとすれば、韓国の「独立自主」のもっとも大きな前提は、国際的にはもとより国内的にも、「勢力の均衡」にほかならない。ところが早くも一九〇〇年、にわかにその前提が崩れることになった。いうまでもなく、義和団事件の勃発とそれにともなうロシアの満洲占領である。

清朝が満洲を占領されて、朝鮮半島に関しては寄与すべき役割をほとんど失った一方で、勢力を拡大したロシアは、その拡大した勢力を確保するため、朝鮮半島を視野に入れてきた。そして山県・ロバノフ協定以来、朝鮮半島にさして積極的な態度をとってこなかった日本は、あらためて朝鮮半島への関心を、満洲情勢と関連させて高めてくる〔千葉 二〇〇八、六九～一〇五頁〕。そのはざまにあって、韓国政府も旧来の政策態度では、この事態に対処できなくなった。韓国の「勢力均衡政策」は、列強を主体とする「勢力の均衡」に連動していたために、後者が崩れれば、前者も破綻せざるをえなくなるからである。

こうして一九〇〇年を画期として、韓国・ロシア・日本の間で、朝鮮半島の地位をめぐり、変化めまぐるしい外交交渉が展開する。そのなかで注目すべきは、韓国中立化政策とそれに対する反応である。

韓国中立化案は同年八月、韓国の駐日公使趙秉式が日本に提示したものを嚆矢とし、以後、日露開戦にいたるまで、韓・露双方よりこもごも出てくるものである。この韓国中立化は清朝のプレゼンス、清韓関係がほとんど関連していない点、またそれにともない日本の利害がまったくちがっている点で、同じく「中立化」とはいいながら、それまでの「朝鮮中立化構想」とは次元を異にする〔岡本 二〇〇六b、二七頁〕。

韓国政府のこうした政策転換は、独立の前提をなす「勢力の均衡」状態を保守するため、それまで事実上でしか存在していなかったそれを、法的な多国間の勢力均衡に置き換えようとしたものであろう。これに先だつ七月にはすでにもちあがっていた日韓国防同盟案をかえりみず、中立化政策をすすめたのは、政府内の党派対立もふくめて、それまでの「勢力均衡政策」から接続してきたとみることができる〔森山 一九八七、一一八～一二六頁〕。その動きはじつに、平時中立から戦時中立におよび、日露開戦の直前まで続いた〔梶村 一九八〇、九四～九七頁・森山 一九八七、一三六～一四二頁・権 二〇〇五、一一五～一一九頁〕。

かたや日本の立場から見れば、「勢力の均衡」が崩れてしまった情況にあっては、韓国を「列国保障ノ下ニ中立国ト為ス」〔『日外』三四巻、五二三〜五二四頁〕ことが、とりもなおさず国際的に韓国の現状維持、独立保守を意味する、というわけにはいかなくなっていた。そうした事情を如実に語ったものに、趙秉式と会談した貴族院議長・東亜同文会会長の近衛篤麿の発言がある。

> 朝鮮は此状態に適合するの国柄なるやといふに然らず、朝鮮に利害の関係あるものは露と日本のみ。其他は鉄道、鉱山等の利益問題に関係はあれ共、朝鮮の存廃は何の痛痒をも感ぜず。故に朝鮮の中立には別段の異議はあるまじきも、もし露にして野心を中立の後に至り恣まゝにするとせば、列国は戦を賭して迄もこれと争ふ筈なし。其場合唯退守せんのみ。其時に当りて戦っても争はざるべからざるものは独り日本あるのみ。而して露の野心なるものは軽率に表に顕はすものにあらず。満州《ママ》の経営は終はりて、日本と戦ひても勝算ありと認むる迄は手を下さゞるべし。日本は露に野心あるをしりても、中立国の約あれば黙して露の準備調ふを待たざる可らざるなり。〔『近衛篤麿日記』二八九〜二九〇頁〕

そもそも日本側にとって、朝鮮半島の中立化は、おそくとも日清開戦時に放棄した考え方であった。その当時「朝鮮に利害の関係あるものは」清朝と日本だったが、今度は「露と日本のみ」である。日本にとっては、日露両国に利害が収斂してしまっては、多国間で保障する中立化に実効を見出しがたい。しかも「共同保護」とみなした小村・ヴェーベル覚書の時とは、軍事的な勢力関係がまったく異なってしまった。すでにさながら、日清開戦時の丁案はおろか、丙案すら成り立たない情勢になっていたのである。

こうして一九〇〇年に入ると、韓国と日本のおかれた立場は、決定的に乖離してゆく。韓国がすすめた自国の中立化政策は、満洲から迫るロシアの軍事的圧力を感じながら、なんとか「自主」を維持しようとしたものである。

それは同時に、満韓不可分・満韓交換・勢力画定を主唱し、満洲との関連で朝鮮半島を扱おうとする日・露の利害に対抗して、朝鮮半島を満洲情勢から切り離して、自己保全をはかる政策でもあった。

それに対し、「満韓不可分論」に収斂してゆく日本の立場〔千葉 二〇〇八、七二〜八〇頁〕は、満洲と朝鮮半島を切り離す立場とはあいいれない。それがロシア側の有利にはたらくことは、まもなくヴィッテ（С. Ю. Витте）が中心となって、韓国中立化をすすめはじめた事実からも明らかである。そうした見地からすれば、韓国中立化案は、提示の当初から韓露の通謀だとしかみえなかった〔Пак, 1979, с. 176-178, 石 一九九九、三八〜四一頁〕。やがて日本はロシアとの避戦か開戦かの二者択一を迫られてゆくが、いずれをとっても、それは韓国「自主」の犠牲に帰結するものとなる。

そしてその交渉過程にまったく立ち入ることのできなかった清朝は、一九〇一年の辛丑和約によって「外務部」を設立していた。日清戦争後の「公法」準拠、戊戌変法における国際関係への自発的参入をへて、旧来の清韓関係をあらためた清朝は、さらに自らの外政機構をも改編したわけである。

その最初の試金石が満洲問題と日露戦争への対処であった。そこで清朝が「局外中立」を選択する〔川島 二〇〇四b・権 二〇〇五、一一一〜一一五頁〕にいたった制度的な動態は、まだよくわからない。しかしその結末は、以後の朝鮮半島・満洲をめぐる東アジア情勢に少なからぬ影響を及ぼしてゆくのである。

（1）　前後の経緯から考えて、この光緒帝の決断には、寵臣の張蔭桓が影響力を及ぼしていた、というのが現在の筆者の見通しである。それでも、二人とも戊戌政変で失脚するから、以後の方針が変わらなかった構造的な連続性の説明はつかない。後考に俟ちたい。

(2) もっとも、その個別具体的な政治過程は、なお手つかずのままである。対日政策の変更とその政治過程は、かなり明らかになっている〔孔＝村田 二〇〇四、六五～七三頁〕ものの、同じ時期の韓国問題での転換が、それといかに関連していたかは、今後の課題であるといえよう。

そうした意味で、徐寿朋赴任の直前に及んでなお、唐紹儀に対し、清朝はなお韓国を属国視している、とそれまでの清朝の態度をはげしく非難した韓国海関総税務司ブラウン (J. McLeavy Brown) の発言〔『中日韓』五一四五～五一四八頁〕は、注目に値する。清朝の洋関総税務司ハート (Sir Robert Hart) とも密接に連絡をとっていたかれが、あえてそうした発言をしたのは、おそらく年来の韓国側の不信感を代弁すると同時に、清朝側のなお流動的な態度を反映したものともみることができよう。

(3) 本章では、韓清通商条約そのものをめぐる韓国側の利害、反清輿論・ナショナリズムの興起、および交渉の具体的内容には立ち入ることができなかった。こうした問題をあつかった研究がある〔権 一九八七・殷 二〇〇五、三五～五五頁〕ので参照されたい。

第八章　外務の形成

——外務部の成立過程——

川島　真

はじめに

本章では、一九〇一年に設置され、一九一二年まで存続した外務部について検討する。この機関は、総理衙門と中華民国外交部の間に位置する、中国の対外関係担当機関である。本書では一九世紀半ばからの中国の対外関係を議論してきたが、一九〇一年に設けられたこの役所が、夷務や洋務ではなく、外務を冠したことは、それまでの対外関係のひとつの帰結であり、また二〇世紀中国の対外関係を見通すものともなった。

先行研究を紐解くと、外務部に関する研究は決して多くない。外交行政の重要な研究である陳体強はもとより、総理衙門研究をおこなった坂野正高も外務部には簡単に触れる程度であったし〔陳 一九四五・坂野 一九七三、四二七頁〕、筆者も民国外交部形成の前段として触れたに過ぎない〔川島 二〇〇四a、八五〜八八頁〕。

他方、中国では一九九〇年前後に外務部研究がなされた。その草分け的な存在である杜継東は、外務部の成立について、「不徹底な面があったが、中央外交機関の外交権能を強化し、中央と地方の外交権をめぐる問題を定め、在外公使・領事の制度を改善し、外交人材の資質を高めるなど、全体として客観的な情勢に適応しており、中国外交の近代化の道程において一歩を踏み出した」と総括し、外務部を特に列強からの押し付けにより成立したとして批判するのではなく、一種の時代の産物だと位置づけ、その改革についても内発性を重視した分析をおこなった〔杜 一九九〇〕。また、王立誠は、外務部が伝統の残滓をある程度除去し、厳格な定義の下での外交体制をつくり、民国外交体制の基礎をなしたと肯定的に評価する。しかし、外務部は国際的な外交の通例に符合しながらも、半植民地の本質は基本的に変わらなかったと位置づけた〔王 一九九一、四頁〕。杜にしても王にしても、外務部を国際的な通例からみた、中国における最初の外交機関とする点は共通している。この点は台湾の蔡振豊にも通じる〔蔡 二〇〇五、三九頁〕。中国における最初の近代外交機関について、総理衙門ではなく外務部に求めるというのは、中国外交史研究の領域では通説になりつつあるとみていいだろう。この点は大筋として異論はない。先行研究から見た場合、現在の論点は、外務部の改革の不徹底さ、半植民地的性格といった点にあるようだ。他方、杜や王の後の諸研究に見られるように、外務部の形成要因を外因（列強の要請）と内因（中国内部の改革への動力）の結合の結果だと見る議論が定着しているようであり〔趙 二〇〇二〕、外因と内因それぞれの詳細については、あまり論点になっていないように見える。

結局のところ、外務部については、その性格をめぐる議論や解釈がなされてきたと言っていい。しかし、実証研究が不足しているという根本的問題が残されていると、筆者は考える。その性格付けを論じる際に重要となる外務部の形成過程の実証研究さえ十分になされていないのである。無論、外務部創設に関しては一連の先行研究がある。中国の高超群、台湾の陳森霖、蔡振豊の研究がそれに当たる〔高 一九九八・陳 一九九四・蔡 二〇〇五〕。高の論考は、中国側の史料に基づいて外務部の形成過程や組織編成について検討し、総理衙門改革という清朝の内部の連続性を重視しようとする。この高の研究を踏まえて、実証的な水準を上げたのが、蔡の業績である。しかし蔡は、英米の史料の中国語訳を用いたものの、その原本や日本側の外務省記録を用いていない。結果的に見れば、中国語訳されていなかった英文史料、そして日本外務省記録に、外務部形成に関する重要な内容が含まれていた。

本章では、夷務、洋務の一つの帰結としての外務を位置づけ、あわせて外務部期を議論していくための出発点として、外務部の形成過程と創設期の制度について、上記の先行研究の成果とそこにおける問題点を踏まえ、英米日中の史料を用いて検討したい。まず、義和団事件後の講和の過程で列強側から総理衙門改革が提案され、外務部という官署が形成された過程、および創設期の組織・人事・制度について、列強と清朝側の議論を踏まえながら検討したい。評価先行ではなく、外務部成立の過程を実証的におさえてこそ、一九世紀後半あるいは民国期との比較検討が可能になるであろう。

一　戊戌変法期の改革案と連名公書第十二条

1　戊戌変法期の外交制度改革論

ここではまず茅海建の研究を参照し、戊戌変法期の外交（制度）改革論について一瞥しておきたい（茅 二〇〇五）。康有為は第二上書（一八九五年五月三日）において、世界と中国の関係を「列国並立之勢」と位置づけて「一統垂裳之勢」と対置させ、また使才館を設けて外交関連の人材を育成して、在外経験を積ませて随員、公使へと至らせるキャリア・パターンを提起した（『戊戌変法』一三一～一五四頁）。坂野正高は、これを近代国際関係と朝貢体制を意識的に対立させたもので、「中国が積極的に自らすすんで近代国際関係の構成要素となるべきことを主張したものといえる」としている（坂野 一九七三、四三〇～四三一頁）。また、康は一八九八年の「応詔統籌全局摺」にて、軍機処に代わって制度局を、六部に代わって法律局などの十二局を設けることを提唱したものの、対外関係を扱う総理衙門の制度には言及せず（蕭 一九八三、九〇頁）、もっぱら総理衙門大臣の兼任や資質を問題とした。

この戊戌変法期の外交制度改革論のうち、内容的に外務部設立に関連するのは戸部主事・蔡鎮藩の「奏請審官定職以成新政摺」（一八九八年九月一〇日）、刑部郎中・沈瑞琳の意見書（九月一三日）、翰林院編修・寶熙の意見書（九月一六日）などである（『戊戌変法文献彙編』）。蔡は、総理衙門の人員の兼任を批判し、理藩院を例にとって専任による「外務部」の設立を訴え（『戊戌変法』三八二～三八三頁）、沈は総理衙門の業務が他部局と重複し、また業務繁多だという組織上の問題とともに、人事の兼任制を批判し、臨時の役所でない「専部」を設け、「専官」を置くべきだとした。そして、管理王大臣、満漢尚書、侍郎のポストを設け、業務内容別の部局設置を提案した。沈の構想は、諸外国の外政制度を援用しつつ、六部の制度に照らしたものであった（『戊戌変法檔案史料』一七八～一八一頁）。

以上の改革案は、それ以前の薛福成、馬建忠、黄遵憲、鄭観応、陳熾らの議論に基づくと考えられる（湯 一九八六、一三九頁）。そしてこれら戊戌変法期の案は、一八九八年九月に変法が頓挫し維新の推進者たちが朝廷を去ることで、将来に持ち越されることにもなった。

2　北京公使会議と第十二条案の作成

義和団事件の騒乱に際し清朝が宣戦の上諭を発したのは一九〇〇年六月二一日である。その前日の二〇日から八月一四日まで義和団軍を主要構成員とする清軍が東交民巷の公使館地区を包囲した。その八月一四日には八ヵ国連合軍が北京に入り公使館区域を解放した。八月一五日、西太后と光緒帝らは北京を離れ西安に向かった。和平交渉は七月半ばから始められていたが、清朝の側からも上諭によって講和条件が示されるに至った。

清朝との交渉に際して、列強間の意見調整のために北京公使会議が組織された。第一回会議は、一九〇〇年一〇月八日にイギリス公使マクドナルド（Claude Maxwell MacDonald）の主催で開催された。そこでは、ドイツ側の提案を踏まえ〔*BPP, No. 5*, pp. 4-5〕、清朝の上諭における責任者の妥当性（董福祥、毓賢を追加すべき）、刑罰の妥当性（否）、刑罰の執行の確認方法（公使館員、あるいは軍人）を確認することが議論され、交渉は英仏米公使を通じて慶親王奕劻、李鴻章とおこなうこととされた〔*BPP, No. 5*, p. 22〕。

一〇月一〇日、第二回公使会議が開催され、外国人に危害を加えた地域の科挙停止や賠償などフランス公使の六つの提案に基づいて議論されたが〔*BPP, No. 5*, pp. 22, 46〕、その提案以外に、「総理衙門ニ代ハルニ一名ノ清国外務大臣ヲ任命セシムルコト」、「国際問題ニ関シ奏聞ヲ為サンカ為皇帝ニ謁見スヘキ外国公使ノ権利ヲ認定セシムルコト」について提案があった〔*FRUS. 1900*, pp. 213-214.「北京公使会議第一回、第二回」〕。西徳二郎公使はこの発言者が誰か記していないが、イギリス側の記録では、イタリア公使サルヴァゴ・ラッジー（Salvago Raggi）だとされている〔*BPP, No. 5*, pp. 155-159〕。

西公使作成の公使会議の議事録によれば、この次に総理衙門の問題が議論されたのは一〇月三一日の公使会議であった。イギリス公使が、「総理衙門ノ廃止若クハ其組織ノ変更並ニ多年来解決ヲ待チタル礼式上ノ数多ノ問題ヲ決定スベキ宮廷礼式ノ確定ニ関スル提議ヲ為シ」、英米独伊およびオーストリアがこれに賛成し、露、仏、日本が反対にまわったとしている（ベルギー、スペインは多数に付託）〔「北京公使会議、第三回乃至第七回」在清西全権公使ヨリ加藤外務大臣宛、一九〇〇年一一月一日（北京発）〕。この場でなぜ西公使が反対に回ったのか明確ではないが、加藤高明外務大臣は一一月五日の電報で、この総理衙門の廃止、あるいは組織変更について、「代表者多数ノ意見ニ賛同シ以テ其共同一致ヲ力メラル可シ」と、反対にまわらないように西公使に指示している〔「北京公使会議第一回、

第二回」加藤外務大臣ヨリ西全権公使宛、一九〇〇年一一月五日〕。

次に一一月八日の北京公使会議でこの問題が取り上げられ、西公使は「昨日ノ会議ニ於テ清国全権委員ニ交付スヘキ公文書中ニ左ノ条項ヲ挿入スルコトニ一致セリ」として、「清国政府ハ外交事務ノ衙門ヲ改革シ且外交代表者ノ謁見ニ関スル宮廷ノ礼式ヲ列国ノ指定スル旨趣ニ依リ変更スル事」を報告している〔「北京公使会議、第三回乃至第七回」在清西全権公使ヨリ加藤外務大臣宛、一九〇〇年一一月九日［原文の十九日は誤記］（北京発）〕。そして、一一月一三日の北京公使会議で、清朝側の全権委員に交付すべき十一項目が決定されたが、この「外交事務ノ衙門」の項目はその内容が若干変更され第十一項目とされた〔*BPP, No. 5*, pp. 111-112〕。そののち、内容を再調整して一二月四日の会議で内容が確定し、「外交事務ノ衙門」については第十二条に盛り込まれた〔*FRUS. 1900*, pp. 235-236〕。この文書は、一二月二二日に署名され、二四日になって慶親王に渡された。李鴻章は病気で同席しなかった〔「第十二条」, Satow, 2006, p. 75〕。この文書の第十二条の内容は、一二月四日案とほとんど変わらない〔*BPP, No. 6*, pp. 60-63〕。その後、この文書に対して清朝から三〇日に受諾の返答があり、一九〇一年一月一四日に連名公書（和議大綱）は正式に調印された。

二 第十二条小委員会案の作成と対清照会

1 連名公書（和議大綱）小委員会における議論——小村・ロックヒル案

一九〇一年二月二八日、北京公使会議は連名公書の各項目を検討する小委員会（Commission）を設けた。その際、第十二項目、すなわち総理衙門改革および儀礼改革についての小委員会の構成員は、新任の小村寿太郎公使、アメリカ公使館の専門員（Commissioner）ロックヒル（William Woodville Rockhill）、そしてドイツ公使館のアタッシェであるゴルツ男爵（Freiherr von der Goltz）とされた〔*FRUS. 1901, Rockhill*, pp. 94-95〕。

小村は総理衙門改革案を作成するに当たり、総理衙門の問題点を三つにまとめた。小村の第一の批判は、職員の兼任、人数および資質に関するものである。「本使ノ意見ニ據レハ清国外交事務ノ常ニ不合理ニシテ且敏活ヲ缺クハ其原因主トシテ当局者ノ選択宜キヲ得サルニ由ル。今日ノ総理衙門大臣ナルモノハ各部尚書又侍郎ニ至ルマデノ集合体ニテ其数少クモ五六名多キハ十名ニ達シ庸劣ノ徒最モ多シ。此等ハ外交事務進捗ノ障害タラズンバ全ク尸位素餐ノ輩ナリ。故ニ改革ノ急務ハ先ツ此多頭政治ヲ廃シ少数人ヲシテ外交ノ事を掌トラシムニ在リ。」第二の批判は総理衙門の官制上の位置づけである。「又今日ノ総理衙門大臣ハ其権力ノ不充分ナルカ為メニ他人ノ牽制ヲ受ケ責任ヲ以テ事ヲ断行シ得サルノ弊アリ。今回ノ事変ニ際シ一方ニハ総理衙門、他ノ一方ニハ軍機処及宮廷トノ間ニ外交上ノ意見ヲ異ニシ相衝突シタル事実及軍機処カ総理衙門ノ名ヲ以テ外国公使ニ公文ヲ発送シタル事実ハ正ニ其的證タリ。」ここでは外交機関の独立性と権限が重視されている。第三の批判の重点は専門性にある。「大臣ノ輔佐官タル者カ外国ノ事情ニ通セス交際ニ熟セサルカ為メニ其言行ニ於テ世界ノ通義ニ戻リタル事極メテ多ク、為メニ外国代表者ヲシテ詰責ニ詰責ヲ重ヌルノ止ムヲ得ルニ至ラシムルノ事実ハ既ニ吾人ノ目撃スル所ナリ。」

この三点の批判を踏まえた上で、「清国政府ニ対シ充分ノ信用ト権力アル門閥家ヲ撰ンテ総理衙門ノ総裁トシ之ヲ輔佐スルニ二人ノ大臣ヲ以テシ一切外交ノ事ハ此三人ニ委任シ皇帝ニ対シテ責ニ任セシメ而シテ其下ニ多少外交ノ知識ヲ有スル次官ノ二人ヲ置キ主トシテ衙門ノ事務ヲ各国ノ通規ニ符合セシムルコトヲ勉目シムルコト実ニ肝要ナリ」との結論に達するのである（次官についてはそのうち一人に外国語などの能力を求めている）〔「第十二条」Report of the Commission on the Reform of the Office of Foreign Affairs and on the Modification of Court Ceremonial, by Komura〕。そして具体的には親王を総裁に、軍機大臣二名を大臣にすることが考えられていた。この小村案は、第十二条に関する公使会議案の骨子をなし、外務部の組織構成の基礎となった。

2　名称問題と公使会議案の作成

小村の原案に対してロックヒル委員は特に異論がなく[1]、一九〇一年三月二九日の北京公使会議に小村案が小委員会案として提案された。ロックヒルは、一九〇一年一一月末に提出した報告書の中で、（三月当時の意見かどうか明示されていないが）総理衙門の組織が肥大して職責を全うできないと批判し、公使会議の提案どおりに組織改革をおこない、責任を全うできる外交機関を設け、世界の国々が採用しているのと同様の方法で組織をつくるべきとの考えであったと記している〔*FRUS. 1901, Rockhill*, pp. 3-7〕。

ロックヒルはこの原案について、それを小村が作成し、自分が会議で読み上げたとしている。内容的には、外交事務を迅速に、かつ制度的に裏付けることが必要との見地から、中央政府において疑いなき権威と影響力を持つ親王を総理衙門大臣とし、その下に軍機処から二人を大臣として招き、この三名を北京駐在公使たちと対置する中枢の存在とした上で、その下に外国語力や対外業務に通じた人員を含む侍郎二人を置こうとするものであった、とロックヒルは小村案を本国に報告している〔*FRUS. 1901, Rockhill*, pp. 121-122[2]〕。

北京公使会議において、この小委員会案は基本的に了承されたものの、一点だけ疑義が呈された。それは総理衙門という名称であった。小村らの原案には名称変更は含まれていなかったが、英、伊、オーストリア公使から、「衙門」は裁判所や事務局を指すので「外交統理ノ官省ニハ適用スヘカラズ」との意見が出され、戸部、吏部などに倣って、「外部」とすべきとの修正説が出された。小村は、「衙門」が公務を管掌する役所全体を指すなどと反論したが、「改称説」への賛同者が多く、清朝側との交渉時に協議することとなった〔「第十二条」特命全権公使小村寿太郎ヨリ外務大臣加藤高明宛、一九〇一年四月一日（作成）、「総理衙門ノ改革並宮廷ノ儀式変更ノ件ニ関スル調査委員之報告ヲ公使会議ニ於テ議定之件」〕。なお、ロックヒルの記録では、日米の二人以外、すべての代表が名称変更に賛成したので、名称の変更が決定したとされている〔*FRUS. 1901, Rockhill*, pp. 119-121〕。

3 李鴻章・慶親王との意見交換

四月六日、小村とロックヒルは李鴻章と会見し、公使会議の原案を伝えた。李は特に反対せず、三つの提案をおこなった。第一は、設立してから四十年を経た総理衙門がその機能を果たしえず、非合理的で無責任となったので、結果的に公使館が攻撃され、北京で外国人が殺害されるという事態を招来したという点から、総理衙門を廃止し、新たな外交担当機関を作るという論理を用いるべきだということ。第二は、この新たな機関の組織構成は公使会議から推薦すること。第三に、この新たな役所の職務に専念すべき大臣たちには、外国における外政機関の職員同様の高給を与えることとし、そのことを北京公使会議として明言すること、であった。また、名称について、総理衙門という名称は使用しないとロックヒルが述べ、新たな名称案をいくつか提案すると、李は幾つかの理由から「外務部」がよいと述べた〔*BPP, No. 1*, pp. 122-123〕。四月八日、ロックヒルは英国公使サトー（Sir Ernest Satow）と面談し、李鴻章が第十二条に関する公使会議案に賛成したこと、また上記の李鴻章の提案のうち第一および第三について報告した〔Satow, 2006, p. 103〕。

小村とロックヒルは、四月九日に慶親王と意見交換をおこなった。慶親王は、これより二ヵ月以上の前の一九〇一年一月二三日に栄禄に出した書簡で、「第十二条の訳署の鼎新は、外国側がたとえ言わなくても、中国が自ら整頓を加えなくてはならない」と述べ、総理衙門の改革を自ら整頓を加える課題としていた〔『栄禄存札』九頁〕。小村らに対して慶親王は、原案を大筋認めた上で、総裁を「親王」ではなく、より広い概念であるImperial Prince（王）、またはDuke（公）とすべきだとした。皇族のプリンスは必ずしも親王ではない、というのがその理由だった。また、役所の名称は「外務部」とすべきとし、大臣については二人とも軍機大臣とすることは困難なので、二人のうち一名としてはどうかと提案した〔*BPP, No. 1*, p. 123.〕。

四月一六日の公使会議で、李鴻章と慶親王の見解を加えた委員会案が作成された。そこには名称を外務部と変更することが盛り込まれた。また清朝側はすでにその名称変更に同意していると会議に報告されていた〔「第十二条」Komura to Kato, Peking, April 16, 1901〕。

4 第十二条案に関する対清照会

四月二三日、北京公使会議の首席であったスペイン公使コロガン（J. B. de Cologan）が、第十二条に関する公使会議案を清朝側に文書として照会した〔*BPP, No. 1*, pp. 123-125, 「辛丑議約第十二款専檔」、「日国公使葛照会」光緒二十七年三月初五日〕。その冒頭では、「総理各国事務衙門が設けられて既に四十年の長きに亘るが、おこなうべき業務について未だに成果をあげられない。諸国の全権大臣たちは、他国の決定に従ったほうがより容易に中国の政治および対外関係の双方にとって有益になると考えている」として総理衙門を批判する。この批判の論理は李鴻章の提案通りである。また、総理衙門の欠点として「能力、整斉、捷速、明哲」の四点を挙げ、外政について「国家の最も重要な業務として認識すべきであり、皇帝の統治権利に代わって政府がそれをおこなうのだから、政府内部でもっとも重要な位置（極品之上）に置かれるべきである」と述べる。そして総理衙門での組織構成を批判し、新たな組織では、総理大臣（総裁）一名、会辦大臣（大臣）二名（一人は軍機大臣、いま一人は尚書銜付与）が置かれるべきだとした。この部分は小村案に慶親王の見解を加えたものである。そして、小村案に従って、この三名の下に来る総辦二名のうち一名は欧米言語能力があることとされた。

最後に名称について、「総理衙門の名については、その名を聞くと嫌な感じがする。外政というのは皇帝に代わってそれをおこない、皇帝にかわって命令を発するのだから、国家におけるきわめて重要な業務である。総理衙門という名称だと、これらの重要性を十分に示すとは思われないので、それを除き、代わって外務部とすべきだ」とした。これは、四月一六日の公使会議と、李鴻章、慶親王の意見を踏まえたものであった。

なお、李鴻章、慶親王らとの調整過程には明確には見られなかった内容として、「外務部の品秩は勅定であるべきであり、六部の上に置かれるべき」だとする点がある。フランス語の原文では、“Il sera remplacé, en vertu d'un Décret Impérial, par celui de Ouai-Wou Pou, et dans l'ordre officiel des préséances, le Ouai-Wou Pou passera avant les six bureaux ou Tribunaux.” とされる。直訳すれば、「勅令に従い、総理衙門（Il）は外務部と称する組織に交替し、各部との公式の序列において、他の六部・裁判所より上位に位置する」となろう〔*BPP, No. 1*, pp. 123-125〕。なぜ、他の部局に優先すべきか。それは、皇帝のおこなうべきことを代行する、国家の重要な業務を担う機関であるということに依るものと考えられる。これは外交機関の独立性や権限を指摘した小村案を踏まえたものであるとも言えるが、小村案でも六部よりも上といったところまでは述べられていない。なお、この官制上の位置づけから外務部職員の品秩も勅定とされ、特別待遇とすることもあわせて求められているが、この特別待遇は李鴻章の見解を踏まえたものである。

以上のように、外務部の形成に至る骨格部分は公使会議案に基づく。すなわち、兼任を批判して専任を重視することを前提とし、組織としての独立性や権限、皇帝への謁見権などを踏まえた幹部構成を提案し、同時に職員の専門性を求めた小村・ロックヒル案を基礎とし、総理衙門という名称の変更を求め、六部の上という表現を採ったスペイン公使コロガンを首班とする公使会議の要請が外務部の基礎をなしているのである。しかし、公使会議の提案は、まさに組織の大枠にとどまる。また、李鴻章や慶親王は総理衙門改革に特に抵抗を示すわけでなく、外務部という名を選定し、職員の特別待遇を求め、清朝宛の照会文における総理衙門批判の論理を示し、また王公の文字句を修正させるなど、公使会議側からの文書作成段階で重要な役割を果たしていた。直接の因果関係はわからないが、戊戌期やそれ以前から総理衙門改革が議論されたことが李鴻章や慶親王側の対応にあらわれているとも考えられる。

三　外務部の成立

1　外務部設立の奏請

北京公使会議からの照会を受けた後、総理衙門自身がその照会の内容を斟酌し、自らの論理におきかえて、外務部への改組を奏請したのは五月一四日であった（「辛丑議約第十二款専檔」、「本衙門遞正摺」光緒二十七年三月二十六日）。ここでは、「総理各国事務衙門を外務部にあらため、六部の首に冠する」とされ、役職については「管部大臣は皇帝と血縁関係の近い王侯を充て、ほかに尚書二名、侍郎二名を置き、尚書のうち一人は軍機大臣を兼ね、侍郎のうち一人は西洋文・西洋語に通じていなければなら」ず、「厚禄」を与えるようにとされていた。ここで「冠六部之首」は、公使会議からの照会にあった、皇帝のおこなうことを代行するといった説明ではなく、ただ西洋各国の方式に倣ったとされている。

組織構成も公使団案を踏まえている。だが、尚書と侍郎の人員二名について中国でも西洋諸国でも例外的なのにもかかわらず、王侯が管部大臣となる点は総理衙門期に前例があるとされた。また職員制度が六部の制に則り、人員が総理衙門章京から選出される点は、既存の制度との連続性の下に説明されたが、この点は公使会議案にはない内容である。

また、総理衙門という臨時機関は外務部という常設機関となり、また職員が兼任から専任に代わり、高給が保障された。ただ、コロガンの照会の趣旨にあった対外交渉の重要性や責任といった問題は明確には反映されていない。実際、「スペイン公使の原文には難解なところが多い」とされていた〔「辛丑議約第十二款専檔」、総理衙門発「行在軍機処文」光緒二十七年三月二十六日〕。

2 外務部設立の上諭と外務部章程案

一九〇一年六月一〇日、政務処大臣と吏部に対して上諭がくだされ、外務部の人事制度およびポストの設置について調整するように命じられた。また、六月二二日には総理衙門から政務処に外務部の組織構想が送付された〔「辛丑議約第十二款専檔」、総理衙門発「行在政務処吏部文」光緒二十七年五月初七日〕。この制度設計においては、旧例を踏襲して六部に倣う面と、特殊業務であるため六部の章程と異なる設計が必要とされる面もあった。この両点を参酌して外務部章程案を策定したのは、総理衙門章京であった瑞良、舒文、童徳璋、顧肇新ら四名であった〔「辛丑議約第十二款専檔」、瑞良・舒文・童徳璋・顧肇新「擬外務部章程」（「行在政務処吏部文」光緒二十七年五月初七日の付件）〕。このうち、瑞と顧は、のちに外務部の左右丞となる人物である。

四章京による外務部章程案が策定されてから、ほかの総理衙門章京からの意見や、政務処や吏部との調整をおこない、七月二四日に正式に総理衙門を外務部とするという上諭が下された。この上諭では、「講和をおこなうにあたって、まずは邦交を重視し、あらゆる交渉や交流にあたっては適切な人材に依るべき」との前提が述べられた上で、「これまで総理各国事務衙門が設けられ、交渉を担当し、すでに長きにわたって業務をおこなってきたが、その担当者である王大臣らは兼任者が多く、職務に専念することができなかった。そこで特に専任ポストを設けて、職務に責任を果たし専念できるようにする。総理各国事務衙門を外務部に改め、班を六部の前に列する」とした〔「辛丑議約第十二款専檔」、総理衙門発「日国領銜公使照会」光緒二十七年六月十二日〕。

北京公使会議が要請していたのは、責任の持てる機関の設置、影響力のある人物の総裁就任であったが、この上諭ではおそらく「六部の上」という語が官制上の重視を示し、人事について総理外務部事務に慶親王を当てた点にそれが示される。このほか、外務部会辦大臣は軍機大臣の王文韶、外務部尚書が瞿鴻禨とされ、外務部会辦大臣の位が授けられた。大臣のうち一名を軍機大臣としたのは慶親王の意見である。また、職員の専任化も盛り込まれ、外国語や専門性について侍郎の一人に欧米言語能力を求めるという要請も、フランス語を解する聯芳を侍郎とする点で叶えられていた。なお、徐寿朋侍郎もわずかに英語を解するとロックヒルは述べている〔*FRUS. 1901, Rockhill*, pp. 291-292〕。

一九〇一年七月二七日、李鴻章から小村に対して、北京公使会議の第十二条案が、西安の光緒帝の裁可を得たことや人事について通知がなされた〔「第十二条」Komura to Sone, Peking, July 27, 1901〕。この清朝側の案に対してロックヒルは、「全体的に見て、この新しい官署がその帝国の対外関係においてほかの統治機構の諸官署よりも卓越しているので、その新官署の構成はたいへん満足のいくものであったし、このような官署ができたことこそ、わたしたちの中国との関係において斬新で重要な変化を作り出していくことになるだろう」と述べた〔*FRUS. 1901*,

Rockhill, pp. 291-292〕。

3　辛丑和約の締結と外務部の発足

一九〇一年九月七日、辛丑和約（北京議定書）が調印され、その第一二条に「千九百一年七月二十四日ノ上諭附属書第十八号ヲ列国ノ指定シタル旨趣ニ因リ外交事務衙門タル総理衙門ヲ改革セラレタリ即総理衙門ヲ外務部ト改メテ他ノ六部ノ上位ニ置クコトト為シ而シテ又前記ノ上諭ヲ以テ外務部ノ主要ナル官吏ヲ任命セラレタリ」という文言が盛り込まれた〔『日外』三三巻別冊三、一五四〜一五五頁〕。以後、慶親王と李鴻章との協力の下で制度化がはかられ（李は一九〇一年一一月七日に死去）、礼部から与えられた銀印が使用され始めたのは一九〇一年一二月八日であった。公使会議から清への照会以後、清の内部で制度設計がなされたが、それについて公使会議から疑義が呈されることなく、外務部が発足することになった。

四　外務部創設期の制度設計

1　外務部の制度設計――擬奏事宜四条と本部事宜五条

外務部創設の上諭が下された七月二四日より前の六月二二日、外務部の制度設計ともいえる擬奏事宜四条と本部事宜五条が提出された。そして、それを踏まえて一二月（あるいは一九〇二年一月初頭）には全権大臣案（慶親王・李鴻章案）が提起された。最終的には後者が制度として実施されるのだが、前者がその基礎をなしていた。

瑞良、舒文、童徳璋、顧肇新によって作成された擬奏事宜には外務部の組織編制構想なども記されていた〔「辛

表1 外務部章程案（1901年6月22日）

名称	管轄	具体的業務
通恵司	商務	関税，商務，租界，行船，華洋借款，財幣，電線，機器製造，郵政，本部経費，出使大臣支銷経費
安平司	教務	伝教遊歴保護，償卹，禁令，警巡，詞訟，招工，学校，出洋学生
和会司	外交	各国使臣覲見，更換領事，請賞宝星，遣派使臣，公会，公断，建置工程，各使会晤，本署堂司升調，各項保奨，一切雑務
綏靖司	内治	海防，辺防，疆界図籍，鉄路，礦務，軍火船政，聘用洋将
司務庁		収発文件，清檔房，典守檔冊

丑議約第十二款専檔」、瑞良・舒文・童徳璋・顧肇新「擬外務部章程」（「行在政務処吏部文」光緒二十七年五月初七日の附件））。第一条では四局体制（商務、教務、外交、内治に対応）が述べられ、その名称は通恵、安平、和会、綏靖司とされていた。その具体的業務分担は表1のとおりである。

これらは、いわば業務別の組織編成をなしており、相手国別に編成されていた総理衙門の組織とは異なるものとなっていた。第二条は人事関連で、四司それぞれに満郎中二名、員外郎二名、主事一名、漢郎中二名、員外郎二名、主事二名とされていた。また、外務部内部でのキャリア形成が想定され、非実官から構成されていた総理衙門とは異なる形態を採っていた。第三条では人事登用について、進士・挙人・抜貢、小京官出身の中書・主事、あるいは小京官から「年壮にして才優たりて、事理に通暁した者」を推薦し、試験の上採用するとされた。また、在外公館の職員が外務部に戻ることが制度的に想定されてはいたものの、在外公館職員を外務部からの派遣に一元化することは想定されていない。第四条では昇任が扱われているが、ここでも六部の前例とともに特殊性が加味されていた。

他方、本部事宜五条においては、鑄印、派差、厚薪水、重繙訳、奨供事の五点が述べられたが、注目すべきは薪水と繙訳であろう。前者は、李鴻章の希望であり、後者はこれまで軽んじられがちであった外国語能力が高く評価されたことを示している。薪水においては、外務部職員の給与をほかの六部よりも高給とすることが想定されたが、その算定基準は在外公館職員に求められた。たとえば、総辦は在外の二等参賛の月薪の五割、幇辦は三

表2　外務部額缺養廉各項章程（1901年12月）

名称	管轄	具体的業務
和会司	外交	各国覲見会晤，請賞宝星，遣派使臣，更換領事，文武学堂，本部員司升調，各項保奨
考工司 ~~綏靖司~~	内治	鉄路，礦務，電線，機器製造，軍火船政，聘用洋将，洋員招工，出洋学生
榷算司 ~~通恵司~~	商務	関税，商務，行船，華洋借款，財幣，郵政，本部経費，使臣支銷経費
庶務司 ~~安平司~~	教務	界務，防務，伝教遊歴保護，償卹，禁令，警巡，詞訟，此外未尽事
司務庁		収発文件，清檔房，典守檔冊

＊　下線部は変更点

等参賛の四割などとされていた。翻訳については、頭等、二等、三等翻訳官を設けた。同文館はなお外務部に属することになっていたが、提調および翻訳官を派遣して、内部調査をおこなって改革を進めることとなっていた。

2　慶親王・李鴻章奏請「外務部額缺養廉各項章程」

一九〇一年一二月（あるいは一九〇二年一月初頭）、全権大臣案（慶親王・李鴻章）「外務部額缺養廉各項章程」が上奏された（「辛丑議約第十二款専檔」、「遵擬外務部額缺養廉各項章程」一九〇一年一二月（あるいは一九〇二年一月）［日付不明］）。それは、先の章京たちの案を踏まえつつ、修正を加えたものであった。組織については、表2のように名称や職責について変更が加えられた。

また、人事関連については、郎中、員外郎、主事については提案通りで、額外行走を各司につき六名以上想定していた。また、総辦として左右丞各一名（正三品）、左右参議各一名（正四品）を置き、彼らに欠員があるときには郎中以下から補うこととした。左右丞、参議は出使大臣候補、また郎中、員外郎、主事は在外公館の参賛や領事、随員の候補とされ、在外公館から帰国しても外務部内でキャリアアップする道が想定された。そして各職の正規の給与以外の手当である養廉銀が定められた。総理となる王公は一万二千両、会辦大臣が一万両、侍郎が八千両で、最下位の額外行走が年間六百両となっていた。人事の採用は章程案に準じていたが、毎回の

表 3　外務部職員一覧（1902年春）

部局名・職名	職階	名	号	籍貫	科挙資格等
總理	欽命全權大臣 總理外務部事務 和碩慶親王	奕 劻			
會辦大臣	署全權大臣 經筵講官 太子少保 頭品頂戴 賞戴雙眼花翎 體仁閣大學士 國史館正總裁 軍機大臣 督辦政務大臣	王文韶	夔石	浙江仁和縣人	壬子
尚書	外務部尚書 賞穿黃馬褂 軍機大臣 政務大臣	瞿鴻禨	子玖	湖南善化縣人	辛未
侍郎	署左侍郎	呂海寰	鏡宇	順天大興縣人	丁卯
	署左侍郎	那桐	琴軒	滿洲鑲黃旗人	舉人
	署右侍郎	聯芳	春卿	漢軍鑲黃旗人	翻譯官
總辦	左丞	瑞良	鼎臣	滿洲正黃旗人	監生
	右丞	顧肇新	康民	江蘇吳縣人	丙子
	左參議	陳名侃	夢陶	江蘇江陰縣人	舉人
	右參議	覺羅 紹昌	任庭	正白旗人	進士
幫總辦	掌和會司印郎中	樸壽	仁山	滿洲鑲黃旗人	甲午
	掌考工司印員外郎	雷補同		江蘇華亭縣人	舉人
	掌榷算司印郎中	童德璋	瑤圃	四川江北廳人	舉人
	掌庶務司印郎中	周儒人		安徽宿州人	拔貢
和會司	郎中	樸壽	仁山	滿洲鑲黃旗人	甲午
	郎中	徐承焜		漢軍正藍旗人	拔貢
	員外郎	汪大燮		浙江錢塘縣人	舉人
	員外郎	保恆		漢軍鑲黃旗人	貢生
	主事	陳懋鼎		福建閩縣人	庚寅
	主事	緒儒		滿洲鑲紅旗人	甲午
考工司	郎中	關以鏞		廣東開平縣人	舉人
	郎中	傅嘉年	蓮峰	福建建寧縣人	庚辰
	員外郎	恒文		滿洲正白旗人	監生
	員外郎	雷補同		江蘇華亭縣人	舉人
	主事	存格		滿洲正紅旗人	舉人
	主事	李清芬		直隸寧津縣人	舉人
榷算司	郎中	童德璋	瑤圃	四川江北廳人	舉人
	郎中	松年	健喬	滿洲正藍旗人	貢生
	員外郎	王清穆		江蘇崇明縣人	庚寅
	員外郎	陳瀏		江蘇江浦縣人	拔貢
	主事	唐文治		江蘇太倉州人	進士
	主事	凌萬銘		四川宜賓縣人	舉人
庶務司	郎中	周儒人		安徽宿州人	拔貢
	郎中	何兆熊		四川南充縣人	甲戌
	員外郎	存善		滿洲鑲紅旗人	附貢
	員外郎	朱有基		浙江蕭山縣人	舉人
	主事	鄒嘉來		江蘇吳縣人	進士
	主事	章十荃		江蘇婁縣人	進士
司務廳	司務	全齡		滿洲鑲紅旗人	監生
	司務	江慶瑞		安徽桐城縣人	進士
額外司員	郎中	靈垕		滿洲正藍旗人	舉人
	郎中	長暉		滿洲正白旗人	廕生
	員外郎	吳蔭培		安徽歙縣人	舉人
	郎中	聯昌		蒙古正藍旗人	舉人
	員外郎	奎佑		滿洲正黃旗人	附生
	員外郎	王昌年		山東長山縣人	舉人
	郎中	陳本仁		雲南昆明縣人	癸未
	員外郎	阿克敦		滿洲正紅旗人	翻譯生員
	主事	王榮先		湖北棗陽縣人	丙戌
	主事	曾述棨		河南固始縣人	進士
出使各國駐洋大臣	欽差出使英義比等國大臣 三品卿銜	張德彝	在初	漢軍正黃旗人	
	欽差出使美日秘等國大臣 四品卿銜	伍廷芳	秩庸	廣東順德縣人	監生
	欽差俄奧和等國大臣 工部左侍郎	楊儒	子通	漢軍正紅旗人	舉人
	欽差出使日本國大臣 二品頂戴 內閣侍讀學士	蔡鈞	和甫	浙江人	監生
	欽差出使德國大臣 頭品頂戴 正白旗漢軍副都統	廕昌		滿洲鑲黃旗人	
	欽差出使法國大臣 通政使司副使	裕庚	朗西	漢軍正白旗人	優貢
	欽差出使朝鮮國大臣 二品頂戴	許台身		浙江仁和縣人	監生

出典）「光緒二十八年（壬寅春季）外務部」（『大清搢紳全書』東京大学東洋文化研究所蔵，大木文庫）
　＊　漢字表記は出典資料に従い，正字とした．

推薦・試験で採用するのは二十名を限度としていた。

組織面で章程案と明確に異なるのは、総理衙門と同様に、俄（ロシア）、徳（ドイツ）、法（フランス）、英、日の各股を設け、そこに七品、八品、九品の翻訳官を一名置くとした点である。人数を限定しながら、翻訳という面でその旧制度を存続させ、上記のような業務内容別の組織と組み合わせようとしたのであろう。呉成章はこの外務部の職制を、「総署の分股辦事制度を継承」したとしつつも、外務部の分股制と総理衙門の分股制はその性質を異にすると指摘する。総理衙門の各股の職掌は外務部の各司のそれに相当し、外務部の各股の職掌は、総署に附属していた同文館の翻訳官（担当する地域別の各股）に相当するというのである〔呉 一九一三、甲、十七〕。この四司制は外務部の廃止まで十年間変更されることがなく、総理衙門の組織が頻繁に変更されたのと対照的だともしている〔呉 一九一三、甲、十四〕。

このような組織編制および人事を踏まえた、一九〇二年春の外務部の組織状況は表3のようなものであった。

3　外務部期の制度の問題点

このように清朝側で定められた制度が果たしていかに機能したのかは別途論じることとしたいが、ここで外務部の創設期の制度に関し、清朝内部で問題とされた諸問題について一瞥しておこう。特に問題とされたのは、外務部職員と出使大臣の関連付け、地方交渉をめぐる中央・地方関係、人材養成方法などであった。

出使大臣については、外務部成立後も依然として他に正式の官職を有する欽差大臣であり、外務部以外の部局の者でも就任できたことが問題であったので、出使大臣を実官とし、外務部官僚との関係を明確化すべきだという議論があった。この動きは、一九〇六年にフランス公使である劉式訓の「変通出使事宜章程」の奏請を経て一定程度

の解決が図られ、「外交一途」のためのキャリア・パターンが想定されるようになった。(3)

地方交渉については、総理衙門時代に地方の将軍・総督・巡撫が有していた「総理各国事務衙門大臣銜」を、一九〇一年七月二六日に撤廃したものの、以後も地方大官が外交に無関係なのではなく、外務部と協力して処理することが求められていた(『清季外交史料』「西巡大事記」巻九・『光緒朝東華録』光緒二十七年六月甲辰の条、四六八六頁)。外務部期には、確かに南北洋大臣の影響力は限定的になり、日露戦争後の満洲問題でも、地方ではなく中央で交渉をおこなうなど、対外交渉における中央の主導性が見られるようになった(杜 一九九〇)。しかし、中央主導となったのは条約締結交渉などであり、領事裁判をめぐる問題や教案、あるいは貿易をめぐる問題など、日常的な案件については、地方交渉が多く見られ、地方でも洋務局などを設けて対応したが、その権限や所属をめぐって調整がおこなわれた。

このような在外公使や地方交渉をめぐる問題は、本来であれば外務部創設の際に議論されるべきことであったが、北京公使団が問題としたのが外務部自身の権限や地位、そして組織の中枢の問題に限定され、清朝側の章程案も北京公使団の要請に対応することに重点が置かれ、出使大臣や地方交渉については十分に検討されていなかったために生じたとも考えられる。こうした意味で、外務部をめぐる制度は、外務部という組織自身に偏るかたちで設計されたということもできよう。

おわりに

本章では、外務部の形成過程と創設時の制度について検討した。北京公使会議が連名公書の第十二条に総理衙門改革を挿入し、その十二条案文の策定にあたって小委員会の小村・ロックヒルが北京公使団案の骨格となる案文を策定し、公使会議が名称変更案を加え、さらに李鴻章や慶親王が外務部という名称を事実上決定し、待遇面や組織面、さらには公使会議から清朝への提案の論理展開まで提案し、最終的に公使会議のコロガン・スペイン公使の照会において「六部の上」という内容が盛り込まれるという、先行研究では解明されなかった形成過程全体が検証できた。

権威があり影響力のある外交機関の設立という点については列強が総理衙門設立期から要請してきた問題であり〔坂野 一九七〇、二七一〜二七七頁〕、また組織的、人事上の問題、また専門性については、戊戌期の清朝内部の外政改革論に見られていた。先行研究では、こうした内外の議論について、外圧と内的連続性の併存として説明してきた。しかし、本章で明らかにしたように、実際には外圧と思われた部分にも清側からの関与があり、公使団会議からの要請は制度の大枠に過ぎず、公使団の照会を受け止め消化しながら外務部設立の上諭がくだされ、清朝内部で詳細な制度設計がなされた。したがって、外務部の形成は外在的な契機ではじまりつつも、その契機を内在化させつつ制度化されたと見るのが妥当だろう。第七章で述べられているように、戊戌期に清の対外関係について理念的な転換がみられたとすれば、その制度的な表現として、外務部の成立があると理解することもできる。ただ、公使会議からの照会を受けた清朝の側でそれを受け止めつつ比較的自由に制度設計ができたとはいえ、連名公書や第十二条案に拘束され、あくまでも外務部自身の制度設計が中心的課題となり、出使大臣との関係や地方交渉については十分に考慮されていなかったことには留意が必要である。

外務部は、臨時性が強く、正式の制度の外に位置づけられた洋務機関である総理衙門と異なり、正式な常設機関であり、かつ権威化されていた。しかも、当時高まったナショナリズムにこたえる外交交渉にもとりくみ、総理衙門がその末期に列強に付与した鉱山採掘権などを回収しようとした〔李 一九六三〕。だが、外務部に関する諸制度の機能の問題や制度の不備について清朝内部での議論は以後も継続していくことになる。この点については、民国外交部を視野に入れつつ、今後の課題としたい。

（1）　ヘイ（John Hay）国務長官は、一九〇〇年一二月三一日のコンガー（E. H. Conger）公使宛の電報で中国の外交当局の首脳の西洋言語能力の必要性を強調した。だが、ロックヒルは清朝で影響力のある高地位の人物は外国語ができず、外国語ができるなら地位と影響力が低いと反論している。そして、現実的な方法として外国語のできる人物を、二名の侍郎のうちの一名に充て、彼らが将来に外務部大臣になるかもしれない、と述べていた〔*FRUS, 1901, Rockhill*, pp. 119-121〕。

（2）　小村とロックヒルの案文においては、総裁はPresident、大臣（尚書）はMinister、総辦（侍郎）は副大臣（Vice Minister）という訳語が当てられていた。Ministerを戴く六部とは異なる特殊な機関となることが想定されていたことになる〔*BPP, No. 1*, pp. 121-122〕。

（3）　外務部主事、参議、左丞などを歴任し、民国期には総理や外務大臣となった顔恵慶は、外務部職員について、思想的に比較的開明で、外国の事情に通じていたと高く評価しているが、他方で慶親王奕劻は一年間に一度しか出勤せず、また大学士那桐は一週間に一度しか外務部に出勤しなかったので、外務部の日常業務は専任の尚書、侍郎、丞参、郎中、主事がおこなっていたと述べている。なお、給与の面では、厚遇ではあっても、その額では足りず内職していたとしている〔『顔恵慶自伝』七一〜九一頁〕。

おわりに――新しい「胎動」

中国外交史を描くということ

「中国近代外交の胎動」という書名には多くの含意が込められている。まず、「中国近代」という部分についてである。坂野正高の著述〔坂野 一九七〇・坂野 一九七三〕は「近代中国」というかたちで中国の前に近代を置く。これは、近代という世界史的時代区分を想定し、その下に中国を位置づけようとするものだろう。これに対して、中国の後に近代を置く場合、無論、近代という世界史的な時代観を意識しつつも、それが中国という場においていかに消化され、融けこみ、展開したのか、という問題意識がその背後にあることが多い。これは何も中国の独自性を強調し、地域史的な視点や、世界史的な視点を排除するということではない。外的なコンテキストを十分に意識しつつ、内的なコンテキストにやや重きを置いて、その両者の関係性を含めて歴史を読み解こうとすることを示している。

「中国近代外交」という部分にも強い含意がある。本書で扱われている時代は一九世紀後半から二〇世紀最初の一年にあたる。その時代、いわゆる「近代外交」なるものが世界に広がりを見せていた。その「近代外交」に中国が接したときに関する説明として、伝統と近代の衝突、伝統に対する近代の凌駕といったことが、従来言われてきた。このような理解は果たして妥当であろうか。この問いに対して、南京条約や天津条約・北京協定を締結したから近代外交をおこない始めたとか、総理衙門を設立したから近代外交を受容したと単純に述べることには、依然として躊躇がある。濱下武志は、伝統・近代の二分法的な分析枠組みを批判し、アジア域内のコンテキストを重視しなければならないと述べ〔濱下 一九九〇〕、中国外交が近代外交にいかに遷移していったのかという近代化論的理解の問題性を指摘した。この問題提起は「西洋の衝撃」を重視する議論や、近代外交への遷移のみを重視する議論に対する批判として有益だ。他方、それと同時に、いくつかの新たな課題も生み出すことになった。第一に、外と内のどちらを重視するかということよりも、内外の連関性を重視しながら歴史を描くことはできないかということである。第二に、内外の連関性を重視するにしても、一九世紀後半における夷務や洋務といった中国外交に内在的なコンテキストがいかに変容するのか（あるいはしないのか）という点である。一九世紀後半の中国外交と二〇世紀前半を関連付けながら、そして変容過程も踏まえていかに説明するのかということが、中国近代外交研究の重要な課題となっている。一九一二年に中華民国が成立してから三十数年間の中国が理念的な意味での主権国家外交を展開し、不平等条約改正や国権回収を目指していたことと、一九世紀後半の夷務・洋務をどのように関連付けることができるのか、またどのように変容したのだろうか。

だが、このような課題を検討するに際し、中国近代外交研究にはより大きな問題が残されていることを指摘しておかねばならない。それは、一九世紀の中国の対外関係については（それ以外の時期も同様だが）、実証研究が圧倒的に不足しており、解釈を加えることじたいに困難がともなうのではないか、ということである。これまでの説明は、実証よりも解釈が先行した状態でおこなわれたものだということができるだろう。そうした意味で、前述のような課題を念頭におきつつ、まずは実証を重ねることが喫緊の課題なのである。

解釈が先行していると思われる事例を挙げておこう。たとえば、これまで伝統と近代の関係の象徴のように言われてきた朝貢と条約の関係についても、中国が西洋諸国と条約に基づく関係を築いたからといって、それが直接的に冊封や朝貢による関係を終息させたわけではない。西洋諸国と条約関係を結ぶことと、東アジアに冊封や朝貢などがおこなわれていることは、論理的に並立可能であり、また実際に一九世紀半ば以来の半世紀以上、中国自身も、また東アジアの諸国も、西洋諸国に対する条約関係と冊封や朝貢などの関係を併存させた。だが、両者は無関係に併存していたのではなく、そこにはさまざまな相互関係が存在していた。だからこそ、それを外か内かのどちらかに引き付けて解釈しようとするのではなく、まずはその相互関係を東アジア域内の、また欧米との諸関係の双方を視野に入れながら、実証的に理解することが求められる。この点については、内外の比重は一定程度異なるにしても、これまでいくつかの業績が公刊されてきた〔岡本 二〇〇四・茂木 一九九七・本野 二〇〇四〕。そして、朝鮮が朝貢を停止し、中国の対外関係における冊封や朝貢が事実上見られなくなった後、中国の対外関係が近代外交へと転換したと見るべきなのかどうかということについても、実証研究が不足している。拙著で議論したことはあるが、試みの段階にとどまっている〔川島 二〇〇四〕。

本書が描いたもの

「近代外交の胎動」という部分に込められた含意もある。それは、一九世紀の後半の段階では、中国における近代外交が、内に育まれながらも、依然として姿を表してはいないということ、そしてそれが単に静かに育まれているだけでなく、動きもまた見られるということである。一九世紀後半の中国外交を近代化の観点からだけ捉え、近代化の度合いに即して評価することは歴史的な事象を説明するには無理がある。しかし、だからといって近代外交との相互関係を捨象して、過度に中国内部のコンテキストだけで歴史を把握することにも問題がある。北京に英仏露米の公使館が設置されたことに対応するかたちで総理衙門が設置されたことや、一八七〇年代以後に中国もまた公使館や領事館を海外に設置していくということについて、近代外交との相互関係を無視することはできない。しかし、総理衙門の業務や機能、在外公使や領事の派遣をめぐる状況についてのケーススタディをおこなえばおこなうほど、それらのことを近代の尺度で捉えるだけでなく、内的な論理を十分に踏まえねばならないということに気づかされる。これは、ここ数年の間、箱田恵子や青山治世が積極的に公刊している諸論文により明確であろう。

では、その胎動を終えるとき、中国における近代外交が生み出される契機を何に求めることができるのだろうか。一九世紀の前半から半ばの中国の対外関係において、近代外交の担い手としての西洋諸国との関係は、基本的に互市の下に位置づけられ、そこにおける業務は夷務と観念された。アヘン戦争などによる西洋との諸関係の調整は、この互市における夷務の調整に過ぎず、直ちに中国の対外関係全体を揺さぶるような大きな変更にはならなかった。このような互市という問題提起は岩井茂樹や岡本隆司の諸研究、また廖敏淑の博士論文で論じられているところである〔岩井 二〇〇七・岡本 二〇〇七a・廖 二〇〇六〕。そして、一九世紀後半には、対西洋業務を洋務として、夷務よりは肯定的に捉える方向性が生まれていた。しかし、それを夷務と看做す通奏低音は依然として一九世紀後半全体に響いていたようにも思われる。この点は、岡本隆司の著述で明快に示されているところである〔岡本 二〇〇七c〕。その夷務と洋務の相互関係が一九世紀後半の中国の対外関係の動力であるとすれば、日清戦争における中国の敗北、そして義和団事件の後に外務部が設けられたということは、夷務が終息し、洋務の発展形態としての外務が形成されたことを示すと考えていいのだろうか。拙著では、「近代外交」の担い手としての職業外交官が活躍する第一次大戦後、国民革命以前の時代を主に扱った。一九一〇年代後半から二〇年代初頭について、少なくとも表象としては「近代外交」が中国外交を形づくっていた〔川島 二〇〇四〕。しかしながら、日清戦争、義和団事件のあと、直ちに一九一〇年代後半のような状況に至ったのかと問われれば、ここにおいても返答を躊躇せざるを得ない。なぜなら、外務部期や袁世凱期の中国外交については実証研究が不足しており、判断が困難だからである。外務部の形成過程でさえ、これまでの研究では解明されていなかったのである。また、欧米諸国との諸関係と朝貢や冊封などといった周辺諸国との多元的、多重的関係あるいはダブルスタンダードに基づくやや複雑な関係は、日清戦争によって途切れたと見ることも可能である。しかし、それ以後の、一九世紀の最後の数年間の中国と大韓帝国の関係は依然として明確ではないので、途切れたのか否か判然としない面も残されている。それどころか、外務部の形成にせよ、中国と朝鮮の関係にせよ、そこには以前の時代とのさまざまな連続性を感得することも可能である。そうであるなら、いっそう外務部の形成を中国における近代外交の「誕生」と直ちに位置づけることは難しくなる。一九世紀後半と一九一〇年代後半から二〇年代初頭の中国外交を長期的に把握する場合の「のりしろ」に相当する外務部期や袁世凱期については、今後の課題ということになろう。

本書には、以上のようなさまざまな含意のほかにも、織り込まれている重要な論点がある。それは日本の問題である。まず、日本における近代外交の態様と中国のそれをいかに比較できるのか、そこにおける西洋との関係性にはどのような共通点と相違点があるのかという点である。日中近代化比較論という単純な図式ではなく、それぞれの内的コンテキストと西洋側の動きの双方を視野にいれたかたちでいかに比較でき、そこからどのような東アジア像を描けるのかという問題がある。また、一八六〇年代から七〇年代の日中双方にとって相手がどのような存在であり、千歳丸の上海訪問から日清修好条規の締結に至る過程はどのようなもので、それが両国の内的なコンテキストにおいていかに理解できるのかということが課題となる。中国から日本を捉えようとする場合に、冊封や朝貢の下にあるのか、それとも互市、夷務の延長に捉えられるのか、さらには欧米と同一に観念されたのかといったような問題が浮上する。本書が日清修好条規に注目したのには、このような問題意識があった。

中国外交史や中国をめぐる国際政治史には、モース以来の洋関やミッショナリーの研究の系譜、いわば欧文の史料を用いながら外の目線でおこなわれる第一の系譜と、二〇世紀初頭の劉彦を萌芽とし、一九三〇年代の蔣廷黻らによって推進された中国外交史の系譜、いわば中国側の史料を重視し中国の目線で叙述された外交史という第二の系譜がある。そして、おそらくはフェアバンクや坂野正高の目指した、この二つを架橋するような第三の系譜がある。本書の提供する中国外交史像は、おそらく第二の系譜と第三の系譜の間に位置づけられるであろう。また、本書の有する特色としては、「日本」という要素に注目して、中国近代外交における日本について、日清修好条規を互市という新たな問題に引き付けつつ理解しようとした点、また中国の在外公館・領事館の意味づけを詳細に中国側のコンテキストの下に位置づけた点、そして日清戦争以後の状況をただちに外務の時代への転換とせずに紆余曲折の過程として描いた点などに求められよう。だが、何よりも重要なのは、朝貢と条約、伝統と近代、日中近代化比較論などといった枠組みの下での解釈が先行して実証的な事例研究が不足していた、一九世紀後半の中国の対外関係について、若手研究者が力強い個別的な実証研究を示し、さらにはそこから新たな解釈の可能性を示したことにあるだろう。そして、一時は「絶学」といわれた日本の中国外交史研究の新たな方向性を提示しようとしていることも、本書の志として銘記したい。

＊

本書は、畏友・岡本隆司の堅実で力強いイニシアティブの下で編集された。執筆者の多くは、将来の中国外交史、また日本外交史研究を担う三十代の若手研究者である。本書に収録された事例研究は、岡本と筆者が二〇〇四年以来開いてきた中国近代外交史研究会を母体として育まれたものである。この研究会は、日本における中国外交史研究が「絶学」と言われたことに鑑み、若手研究者とともに切磋琢磨する場を形成しようという意志に基づいて始められたものである。現在から振り返れば、少なくとも筆者にとって、この研究会を組織してきた数年間は、まさに若手研究者から学ぶことばかりが多くなる過程であった。

研究会のメンバーは、岡本と筆者のほか、茂木敏夫、五百旗頭薫、そして箱田恵子、青山治世、上野聖薫（愛知学院大学大学院博士課程）、谷渕茂樹（広島大学大学院博士課程）、廖敏淑、菰田将司（筑波大学大学院修士課程）、菅澤幸太郎（日本大学大学院修士課程）、小林義之（早稲田大学大学院修士課程）らであった（肩書はいずれも当時）。

第一回の研究会は、二〇〇四年七月一八日に岡本の奉職している京都府立大学で開催され、以後、茂木の奉職する東京女子大学、また東京大学などでおこなわれた。その過程で森田吉彦、根無新太郎（京都府立大学大学院博士課程）、早丸一真（東京大学大学院修士課程）といった新たなメンバーを加え、村上衛、新村容子、本野英一教授らの参加を得て、充実した研究会を開催してきた。研究会の回数は現在までに九回を数える。

また、この研究会は内外の学会でも、主に一九世紀後半の中国外交史、中国をめぐる国際政治史についての問題を提起し、議論を重ねてきた。たとえば、二〇〇五年一一月には国際政治学会の東アジア国際政治史分科会で岡本と箱田が報告し、二〇〇六年の国際政治学会の部会「一九世紀東アジア地域秩序の再編」では、茂木が荒野泰典、小林隆夫教授らとともに報告し、一九世紀東アジア地域全体を見通した秩序再編について論を交わすことができた。また、同年八月には中国山東省で開催された「近代中国、東亜与世界——東アジア知的空間の再発見と構築」にて、箱田、青山、廖、筆者らが報告し、中国や台湾の研究者に研究成果を披瀝することができた。

この論文集は、二〇〇六年に企画され、二〇〇七年七月の第八回研究会で具体的な構想が示され、それからほぼ一年の執筆期間を経て全体像が把握された後、二〇〇八年二月に第九回研究会として滋賀県立県民交流センターで三日間にわたる合宿を開催した。この合宿では、在外研究中の廖を除く執筆者に加え、佐々木揚教授を総合コメンテーターとして迎え、執筆者ひとりひとりが報告をおこない、有意義、かつ虚心坦懐に議論がなされた。それからほぼ一年の間、論文の修正を各自おこない、原稿が揃ってからは内容及び体裁の調整を岡本がおこない、二〇〇九年の春に世に問うこととなった。

本書を編む過程でとても多くの方にお世話になった。研究会での議論に加わってくださった方々はもちろんのこと、合宿にて、きめこまやかで深いコメントをくださった佐々木揚教授には特に御礼申し上げたい。また、東京大学出版会の山田秀樹、山本徹の両氏には、出版助成がなかなか得られなかった本書の出版を並々ならぬ熱意で支えてくださった。両氏の粘り強く、堅実なサポートと導きがあってこそ、本書を世に問うことができた。また、笹川日中平和友好基金の小林義之氏には、合宿の事務を引き受けていただいた。記して謝意を表したい。

なお、中国近代外交史研究会を運営するに当たり、以下の経費の支弁を得た。「中国外交研究の再構築——外交史と現代外交研究間の断絶の克服と長期的視野の獲得」(平成一六—一九年度科学研究費基盤研究B、研究代表者：川島真)、「東アジアにおける条約改正の連鎖と規範共有——日中台共同研究」(平成一八—一九年度サントリー文化財団・研究助成、研究代表者：川島真)。とくに二〇〇四年の科研採択は、岡本とともにこの研究会を立ち上げる契機となった。

最後に、若手研究者からのメッセージを多く含む本書の出版が、実証研究が不足する中国近代外交史研究への批判的検討の一つの道標となり、またこれからの研究の行き先を示す「狼煙《のろし》」となれば喜びだという、編者としての想いを記して筆をおきたい。

二〇〇九年一月　横浜の寓居にて

川島　真

中国近代外交の胎動

2009年4月10日　初　版

［検印廃止］

編　者　岡本隆司《おかもとたかし》・川島　真《かわしま　しん》

発行所　財団法人　東京大学出版会

代表者　長谷川寿一
113-8654 東京都文京区本郷7-3-1 東大構内
電話 03-3811-8814　Fax 03-3812-6958
振替 00160-6-59964

印刷所　株式会社暁印刷
製本所　矢嶋製本株式会社

ISBN 978-4-13-021073-7　Printed in Japan

執筆者一覧（執筆順）

岡本隆司（おかもと　たかし）　1965年生まれ．1993年京都大学大学院文学研究科博士課程単位取得満期退学．博士（文学）．現在，京都府立大学文学部准教授．〔主要著作〕『近代中国と海関』（名古屋大学出版会，1999，大平正芳記念賞受賞），『属国と自主のあいだ——近代清韓関係と東アジアの命運』（名古屋大学出版会，2004，サントリー学芸賞受賞），『馬建忠の中国近代』（京都大学学術出版会，2007）．

廖 敏 淑（りょう　びんしゅく）　1972年生まれ．2006年北海道大学大学院法学研究科博士課程修了．博士（法学）．現在，中国社会科学院近代史研究所PD．〔主要著作〕「互市から見た清朝の通商秩序」（北海道大学大学院法学研究科博士論文，2006），『北洋時期的中国外交』（共著，復旦大学出版社，2006），『近代中国・東亜与世界』下巻（共著，社会科学文献出版社，2008）．

森田吉彦（もりた　よしひこ）　1973年生まれ．2008年京都大学大学院人間・環境学研究科博士課程修了．博士（人間・環境学）．現在，帝京大学文学部講師．〔主要著作〕「幕末維新期の対清政策と日清修好条規——日本・中華帝国・西洋国際社会の三角関係と東アジア秩序の二重性，1862～1871年」（『国際政治』第139号，2004），「吉田松陰の対外戦略論——近代日本外交論の一原型」（『社会システム研究』第7号～第8号，2004-2005），「兵学者名倉信敦の幕末海外見聞」（『帝京大学文学部紀要 日本文化学』第40号，2009）．

五百旗頭薫（いおきべ　かおる）　1974年生まれ．現在，東京大学社会科学研究所准教授．〔主要著作〕『大隈重信と政党政治——複数政党制の起源　明治十四年—大正三年』（東京大学出版会，2003），「関税自主権の回復をめぐる外交と財政」（『日本政治研究』第1巻1号，2004）．

青山治世（あおやま　はるとし）　1976年生まれ．2004年愛知学院大学大学院文学研究科博士課程満期退学．博士（文学）．現在，愛知学院大学人間文化研究所嘱託研究員．〔主要著作〕「清朝政府による「南洋」華人の保護と西洋諸国との摩擦——1886年の「南洋」調査団の派遣交渉を中心に」（『東アジア近代史』第6号，2003），「清末における「南洋」領事増設論議——清仏戦争後の議論を中心に」（『歴史学研究』第800号，2005），「清末の出使日記とその外交史研究における利用に関する一考察」（『現代中国研究』第22号，2008）．

箱田恵子（はこだ　けいこ）　1975年生まれ．2004年京都大学大学院文学研究科博士課程単位取得満期退学．博士（文学）．現在，京都大学人文科学研究所産官学連携研究員．〔主要著作〕「清末領事派遣論——一八六〇，一八七〇年代を中心に」（『東洋史研究』60-4，2002），「中英「ビルマ・チベット協定」（一八八六年）の背景——清末中国外交の性格をめぐる一考察」（『史林』88-2，2005），『中国東アジア外交交流史の研究』（共著，京都大学学術出版会，2007）．

茂木敏夫（もてぎ　としお）　1959年生まれ．1991年東京大学大学院人文科学研究科博士課程単位取得満期退学．博士（文学）．現在、東京女子大学現代教養学部教授．〔主要著作〕『変容する近代東アジアの国際秩序』（山川出版社，1997），『国境を越える歴史認識——日中対話の試み』（共著，東京大学出版会，2006），「中国王朝国家の秩序とその近代」（『理想』第682号，2009）．

川島　真（かわしま　しん）　1968年生まれ．1997年東京大学大学院人文社会系研究科博士課程単位取得満期退学．博士（文学）．現在，東京大学大学院総合文化研究科准教授．〔主要著作〕『中国近代外交の形成』（名古屋大学出版会，2004，サントリー学芸賞受賞），『中国の外交——自己認識と課題』（編著，山川出版社，2007），『東アジア国際政治史』（共編著，名古屋大学出版会，2006）．

索　引

＊ 漢語は日本語読みで排列した．慣用にしたがったものもある．
＊ 図表・典拠文献・参考文献目録からは，原則としてとっていない．
＊ 語句そのものではなく，内容によってとったものもある．

サ　行

ナ　行

ハ　行

マ　行

ヤ　行

参考文献目録

【日本文】

青山治世　2003 「清朝政府による「南洋」調査（一八八六～八八年）――華人保護の実施と領事設置の予備調査」『文研会紀要』第 14 号.

青山治世　2005 「清末における「南洋」領事増設論議――清仏戦争後の議論を中心に」『歴史学研究』第 800 号.

青山瑠妙　2007 『現代中国の外交』慶應義塾大学出版会.

五百旗頭薫　2007 「開国と不平等条約改正」，川島真＝服部龍二編『東アジア国際政治史』名古屋大学出版会，所収.

『維新史料綱要』全 10 冊，東京大学出版会，1966 年.

伊藤之雄　1994 「日清戦前の中国・朝鮮認識の形成と外交論」，古屋哲夫編『近代日本のアジア認識』京都大学人文科学研究所，所収.

『井上毅関係文書』国立国会図書館憲政資料室所蔵マイクロフィルム.

『井上毅伝』史料篇，井上毅伝記編纂委員会編，全 6 巻，國學院大学図書館，1966～1977 年.

井上直樹　2006 「日露戦争後の日本の大陸政策と「満鮮史」――高句麗史研究のための基礎的考察」『洛北史学』第 8 号.

井上裕正　2004 『清代アヘン政策史の研究』京都大学学術出版会.

入江啓四郎　1935 『支那辺疆と英露の角逐』ナウカ社.

入江啓四郎　1937 『中国に於ける外国人の地位』東京堂.

岩井茂樹　2004 a 「十六世紀中国における交易秩序の模索――互市の現実とその認識」，同編『中国近世社会の秩序形成』京都大学人文科学研究所，所収.

岩井茂樹　2004 b 『中国近世財政史の研究』京都大学学術出版会.

岩井茂樹　2006 「16～18 世紀の東アジアにおける国際商業と互市体制」『東アジア研究』第 46 号.

岩井茂樹　2007 「清代の互市と“沈黙外交”」，夫馬進編『中国東アジア外交交流史の研究』京都大学学術出版会，所収.

岩壁義光　1993 「幕末に於ける条約未済国人取扱規則の制定」『書陵部紀要』第 45 号.

『岩倉具視関係文書』日本史籍協会編，第 1 巻，東京大学出版会，1968 年.

植田捷雄　1939 『在支列国権益概説』巌松堂.

植田捷雄　1941 『支那に於ける租界の研究』巌松堂.

植田捷雄　1969 『東洋外交史』上，東京大学出版会.

上田信　2005 『海と帝国　明清時代』中国の歴史 09，講談社.

「英清両国間芝罘条約中鴉片煙厘税追加規則施行ニ関シ帝国政府弁明一件」，日本外務省記録 2.6.2，外務省外交史料館所蔵（アジア歴史資料センター・レファレンスコード

B 07080155800).
衛藤瀋吉　1968 『近代中国政治史研究』東京大学出版会（『衛藤瀋吉著作集』東方書店，第1巻，2004年に再録).
閻立　2008 「『朝貢体制』と『条約体制』のあいだ——清末中国人の日本語学習の開始」『大阪経大論集』第58巻第6号.
王崧興　1992 「華人の移住と海外華人社会」，可児弘明編『シンポジウム華南——華僑・華人の故郷』慶應義塾大学地域研究センター，所収.
王宝平　2005 『清代中日学術交流の研究』汲古書院.
王宝平　2008 「陶大均および甲午戦争以前に在日した日本語通訳たち」，陶徳民＝藤田高夫編『近代日中関係人物史研究の新しい地平』雄松堂出版，所収.
『大隈文書』早稲田大学所蔵.
岡本隆司　1999 『近代中国と海関』名古屋大学出版会.
岡本隆司　2004 『属国と自主のあいだ——近代清韓関係と東アジアの命運』名古屋大学出版会.
岡本隆司　2006 a 「明清史研究と近現代史研究」，飯島渉＝田中比呂志編『21世紀の中国近現代史研究を求めて』研文出版，所収.
岡本隆司　2006 b 「「朝鮮中立化構想」の一考察——日清戦争以前の清韓関係に着眼して」『洛北史学』第8号.
岡本隆司　2007 a 「「朝貢」と「互市」と海関」『史林』第90巻第5号.
岡本隆司　2007 b 「「洋務」・外交・李鴻章」『現代中国研究』第20号.
岡本隆司　2007 c 『馬建忠の中国近代』京都大学学術出版会.
岡本隆司　2008 「清末の在外公館と出使日記」，同編『中国近代外交史の基礎的研究——19世紀後半期における出使日記の精査を中心として』平成17〜19年度科学研究費補助金（基盤研究（C））研究成果報告書，所収.
『沖縄県史』琉球政府編刊，第15巻，1969年.
小原晃　1995 「日清戦争後の中朝関係——総領事派遣をめぐって」『史潮』新37号.
梶村秀樹　1980 「朝鮮からみた日露戦争（一）」『史潮』新7号.
川島真　2004 a 『中国近代外交の形成』名古屋大学出版会.
川島真　2004 b 「日露戦争と中国の中立問題」，軍事史学会編『日露戦争（一）』錦正社，所収.
川島真＝服部龍二編　2007 『東アジア国際関係史』名古屋大学出版会.
川島元次郎　1922 「開国以後最初の上海貿易」『商業と経済』第2冊.
菊池道樹　1993 「東南アジアと中国」，溝口＝濱下＝平石＝宮嶋編『アジアから考える［2］ 地域システム』東京大学出版会，所収.
金東建　2008 「戊戌変法期における清朝の対韓修交決定過程——朝鮮政策をめぐる光緒帝と総理衙門」『年報　地域文化研究』第11号.
許淑真　1995 「日本における華僑受容の変遷——日本華僑史研究方法試論」，衛藤瀋吉先生古稀記念論文集編集委員会編『衛藤瀋吉先生古稀記念論文集——20世紀アジアの国際関係II　アジアに対する日本』原書房，所収.

『蹇蹇録』陸奥宗光著・中塚明校注，岩波書店，1983 年.
黄栄光　2008　『近代日中貿易成立史論』比較文化研究所.
コーエン，ポール・A著，佐藤慎一訳　1988　『知の帝国主義――オリエンタリズムと中国像』平凡社.
『五代友厚関係文書』国立国会図書館憲政資料室所蔵マイクロフィルム.
『五代友厚伝記資料』日本経営史研究所編，第 1 巻，東洋経済新報社，1971 年.
『近衛篤麿日記』第 3 巻，鹿島研究所出版会，1968 年.
『最新支那官紳録』支那研究会編，北京，1918 年（『中国人名資料事典』第 2 冊，日本図書センター，1999 年に再録）.
佐々木正哉　1979-1984　「鴉片戦争の研究」『近代中国』第 5～11，14～16 巻.
佐々木揚　1977　「日清戦争後の清国の対露政策――一八九六年の露清同盟条約の成立をめぐって」『東洋学報』第 59 巻第 1・2 号.
佐々木揚　1979　「一八九五年の対清・露仏借款をめぐる国際政治」『史学雑誌』第 88 編第 7 号.
佐々木揚　2000　『清末中国における日本観と西洋観』東京大学出版会.
佐藤三郎　1984　『近代日中交渉史の研究』吉川弘文館.
佐藤慎一　1993　「アメリカにおける中国近代史研究の動向」，小島晋治＝並木頼寿編『近代中国研究案内』岩波書店，所収.
佐藤慎一　1996　『近代中国の知識人と文明』東京大学出版会.
諸洪一　2007　「明治初期の朝鮮政策と江華島条約――宮本小一を中心に」『札幌学院大学人文学会紀要』第 81 号.
『宍戸璣関係文書』国立国会図書館憲政資料室所蔵マイクロフィルム.
「宍戸特命全権公使球案復命書原本」，日本外務省記録 1.1.2，外務省外交史料館所蔵（アジア歴史資料センター・レファレンスコード B 03030245800～6500）.
「使清締約始末」『公文録』明治 18 年・第 202 巻・明治 2 年～7 年，2 A -10- 公 4097～4098，国立公文書館所蔵.
斯波義信　1995　『華僑』岩波書店.
徐越庭　1994　「「日清修好条規」の成立」『大阪市立大学法学雑誌』第 40 巻第 2～3 号.
白石隆　2000　『海の帝国――アジアをどう考えるか』中央公論新社.
「清国人魏亦鰲遺族ヘノ救恤金別途下付ノ件」『公文録』明治 17 年・第 20 巻・明治 17 年 1 月～4 月・外務省，国立公文書館所蔵（アジア歴史資料センター・レファレンスコード A 01100262100）.
『杉浦譲全集』土屋喬雄代表編，第 1 巻，杉浦譲全集刊行会，1978 年.
杉山正明　1997　『遊牧民から見た世界史――民族も国境もこえて』日本経済新聞社.
鈴木智夫　1992　『洋務運動の研究――一九世紀後半の中国における工業化と外交の革新についての考察』汲古書院.
『西学東漸記――容閎自伝』百瀬弘訳注・坂野正高解説，平凡社，1969 年.
石和静　1999　「ロシアの韓国中立化政策――ウィッテの対満州政策との関連で」『スラヴ研究』第 46 号.

園田節子　1998　「在外華人の保護と教化からみた出使アメリカ・スペイン・ペルー大臣の活動，1879-1896」東京大学大学院総合文化研究科修士論文.
園田節子　2004　「改革と教化のはざま――清末の南北アメリカにおける華民中文教育のメカニズム」『中国――社会と文化』第19号.
孫軍悦　2004　「『同文』の陥穽――琉球処分をめぐる日清交渉を中心に」『奈良教育大学国文』第27号.
「第十二条（総理衙門ノ改革並外国代表者ノ謁見礼式ノ変更）」，日本外務省記録 A.6.1.5 3-9-4「連名公書実施　第一巻」，外務省外交史料館所蔵（アジア歴史資料センター・レファレンスコード B 02031952200）.
田中恭子　2002　『国家と移民――東南アジア華人世界の変容』名古屋大学出版会.
田中正俊　1973　『中国近代経済史研究序説』東京大学出版会.
谷渕茂樹　2001　「日清修好条規の清朝側草案よりみた対日政策」『史学研究』第231号.
田保橋潔　1940　『近代日鮮関係の研究』全2冊，朝鮮総督府中枢院.
田保橋潔　1951　『日清戦役外交史の研究』刀江書院.
千葉功　2008　『旧外交の形成――日本外交一九〇〇～一九一九』勁草書房.
月脚達彦　1995　「甲午改革の近代国家構想」『朝鮮史研究会論文集』第33集.
月脚達彦　1999　「大韓帝国成立前後の対外的態度」『東洋文化研究』第1号.
月脚達彦　2001　「近代朝鮮の改革と自己認識・他者認識」『歴史評論』第614号.
月脚達彦　2005　「『独立新聞』における「自主独立」と「東洋」――近代朝鮮におけるアジアと「脱亜」」，渡辺浩＝朴忠錫編『韓国・日本・「西洋」――その交錯と思想変容』日韓共同研究叢書11，慶應義塾大学出版会，所収.
津田多賀子　1993　「日清条約改正の断念と日清戦争」『歴史学研究』第652号.
寺内威太郎　1986　「義州中江開市について」『駿台史学』第66号.
中見立夫　2006　「日本的「東洋学」の形成と構図」，岸本美緒編『岩波講座「帝国」日本の学知　第3巻　東洋学の磁場』岩波書店，所収.
中村義　1967　「洋務派の朝鮮政策について」『山崎先生退官記念東洋史学論集』山崎先生退官記念会，所収.
名倉信敦　1881　『航海漫録』第1巻，金港堂.
鳴野雅之　1999　「清朝官人の対日認識――日清修好条規草案の検討から」『史流』第38号.
西里喜行　2005　『清末中琉日関係史の研究』京都大学学術出版会.
『日本外交文書』外務省編，日本国際連合協会，1947～1963年.
日本倉庫協会編　2005　『日本倉庫業史』新版，日本倉庫協会.
箱田恵子　2002　「清末領事派遣論――一八六〇，七〇年代を中心に」『東洋史研究』第60巻第4号.
箱田恵子　2003　「清朝在外公館の設立について――常駐使節派遣の決定とその意味を中心に」『史林』第86巻第2号.
箱田恵子　2006　「科挙社会における外交人材の育成――在外公館の設立から日清戦争まで」京都大学文学研究科21世紀COE「グローバル化時代の多元的人文学の拠点形

成」第 4 回報告書，所収.
箱田恵子　2007 「薛福成の滇緬界務交渉」，夫馬進編『中国東アジア外交交流史の研究』京都大学学術出版会，所収.
狭間直樹　1993 「中国における中国近代史研究の動向」，小島晋治＝並木頼寿編『近代中国研究案内』岩波書店，所収.
英修道　1939 『中華民国に於ける列国の条約権益』丸善.
濱下武志　1990 『近代中国の国際的契機――朝貢貿易システムと近代アジア』東京大学出版会.
濱下武志　1997 『朝貢システムと近代アジア』岩波書店.
ハリス，タウンゼント著，坂田精一訳　1954 『日本滞在記』中巻，岩波書店.
春名徹　1987 「一八六二年幕府千歳丸の上海派遣」，田中健夫編『日本前近代の国家と対外関係』吉川弘文館，所収.
坂野正高　1970 『近代中国外交史研究』岩波書店.
坂野正高　1971 『現代外交の分析――情報・政策決定・外交交渉』東京大学出版会.
坂野正高　1973 『近代中国政治外交史――ヴァスコ・ダ・ガマから五四運動まで』東京大学出版会.
坂野正高＝田中正俊＝衛藤瀋吉編　1971 『近代中国研究入門』東京大学出版会.
夫馬進編　2007 『中国東アジア外交交流史の研究』京都大学学術出版会.
「北京公使会議第一回，第二回」，海軍省公文備考，防衛省防衛研究所所蔵（アジア歴史資料センター・レファレンスコード C 08040826700).
「北京公使会議，第三回乃至第七回（第八回以下ハ外務省ヨリ送付ナシ）公文案ノ大体決ス」，海軍省公文備考，防衛省防衛研究所所蔵（アジア歴史資料センター・レファレンスコード C 08040827600).
本庄栄治郎　1958 「幕末の出貿易」，同『増補　幕末の新政策』有斐閣，所収.
松方冬子　2007 『オランダ風説書と近代日本』東京大学出版会.
松田屋伴吉　1997 「唐国渡海日記」，小島晋治監修『幕末明治中国見聞録集成』第 11 巻，ゆまに書房，所収.
『明治三年入清録』柳原前光撰，上巻，1870 年.
茂木敏夫　1990 「近代中国のアジア観――光緒初期，洋務知識人の見た「南洋」」『中国哲学研究』第 2 号.
茂木敏夫　1993 「中華世界の「近代」的変容――清末の辺境支配」，溝口＝濱下＝平石＝宮嶋編『アジアから考える　[2]　地域システム』東京大学出版会，所収.
茂木敏夫　1997 『変容する近代東アジアの国際秩序』山川出版社.
茂木敏夫　2002 「中華帝国の解体と近代的再編成への道」，片山裕＝西村成雄編『東アジア史像の新構築』東アジア地域研究会編，講座東アジア近現代史第 4 巻，青木書店，所収.
本野英一　2004 『伝統中国商業秩序の崩壊――不平等条約体制と「英語を話す中国人」』名古屋大学出版会.
森田吉彦　2001 「名倉信敦と日清「新関係」の模索――幕末維新期の華夷思想的日清提

携論」『東アジア近代史』第4号.
森田吉彦　2002 「日清修好条規締結交渉における日本の意図，1870～1872年――藤村道生説へのいくつかの批判」『現代中国研究』第11号.
森田吉彦　2004 「幕末維新期の対清政策と日清修好条規――日本・中華帝国・西洋国際社会の三角関係と東アジア秩序の二重性，1862～1871年」『国際政治』第139号.
森田吉彦　2007 「津田真道と国際政治」『社会システム研究』第10号.
森山茂徳　1987 『近代日韓関係史研究――朝鮮植民地化と国際関係』東京大学出版会.
家島彦一　1993 『海が創る文明』朝日新聞社.
安井三吉　2005 『帝国日本と華僑――日本・台湾・朝鮮』青木書店.
矢野仁一　1926 『近代支那史』弘文堂書房.
矢野仁一　1928 『支那近代外国関係研究――ポルトガルを中心とせる明清外交貿易』弘文堂書房.
矢野仁一　1930 『近世支那外交史』弘文堂書房.
矢野仁一　1937 『日清役後支那外交史』東方文化学院京都研究所.
矢野仁一　1941 『満洲近代史』弘文堂.
柳永益著，秋月望＝広瀬貞三訳　2000 『日清戦争期の韓国改革運動――甲午更張研究』法政大学出版局.
吉澤誠一郎　2003 『愛国主義の創成――ナショナリズムから近代中国をみる』岩波書店.
吉田金一　1974 『近代露清関係史』近藤出版社.
與那覇潤　2007 「イギリス人日本人公使館員の『琉球処分』――東アジア英語言論圏における翻訳と公共性」『歴史評論』第684号.
李啓彰　2006 「日清修好条規成立過程の再検討――明治五年柳原前光の清国派遣問題を中心に」『史学雑誌』第115編第7号.
劉序楓　1993 「十七，八世紀の中国と東アジア――清朝の海外貿易政策を中心に」，溝口＝濱下＝平石＝宮嶋編『アジアから考える［2］地域システム』東京大学出版会，所収.
廖敏淑　2006 『互市から見た清朝の通商秩序』北海道大学大学院法学研究科博士論文.
廖敏淑＝岡本隆司＝川島真　2004 「新たな歴史評価軸形成の前線――「北洋時期的中国外交」国際学術討論会参加記」『近きに在りて』第46号.
渡辺美季　2006 「中日の支配論理と近世琉球――「中国人」・「朝鮮人」・「異国人」漂着民の処置をめぐって」『歴史学研究』第801号.

【中国文（拼音《ピンイン》排列）】

蔡佩蓉　2002 『清季駐新加坡領事之探討（一八七七―一九一一）』新加坡国立大学中文系・八方文化企業公司.
蔡振豊　2005 『晩清外務部之研究』国立中興大学歴史学系碩士論文.
陳森霖　1994 『中国外交制度現代化――一九〇一――九一一年之外務部』私立東海大学歴史研究所碩士論文.
陳体強　1945 『中国外交行政』商務印書館.

『籌辦夷務始末』同治朝，宝鋆等修，全 100 巻，光緒 6 年.
『籌洋芻議』薛福成撰，光緒 11 年，『庸盦全集』光緒 24 年，華文書局，1971 年，所収.
『出使日記続刻』薛福成撰・薛慈明（瑩中）校理，涵芬楼，光緒 24 年.
『大清高宗純皇帝実録』勅撰，全 1500 巻，嘉慶 12 年.
『大清会典』勅撰，全 162 巻，康煕 29 年.
『大清聖祖仁皇帝実録』勅撰，全 300 巻，乾隆 6 年.
『大清世宗憲皇帝実録』勅撰，全 159 巻，乾隆 6 年.
丁名楠等　1961　『帝国主義侵華史』第 1 巻，人民出版社.
杜継東　1990　「清末外務部歴史地位初探」『蘭州学刊』1990 年 6 月期.
高超群　1998　「外務部的設立及清末制度改革」，王暁秋＝尚小明編『戊戌維新与清末新政』北京大学出版社，所収.
『光緒朝東華録』朱寿朋撰，中華書局，1958 年.
郭双林　2000　「晩清駐外使領与維新運動」，王暁秋主編『戊戌維新運動与近代中国的改革——戊戌維新一百周年国際学術討論会論文集』社会科学文献出版社，所収.
『郭嵩燾日記』第 3 巻，湖南人民出版社，1982 年.
「郭嵩燾未刊書札」『近代史資料』総第 88 号，1996 年.
郭廷以編　1941　『近代中国史』全 2 冊，商務印書館.
「洪鈞使欧奏稿」『近代史資料』総第 68 号，1988 年.
胡縄　1952　『帝国主義与中国政治』人民出版社.
『皇朝経世文続編』葛士濬編，図書集成局，光緒 14 年.
『皇朝文献通考』勅撰，全 300 巻，乾隆 12 年.
姜鳴　2002　『龍旗飄揚的艦隊——中国近代海軍興衰史』生活・読書・新知三聯書店.
蔣廷黻　1938　『中国近代史』長沙商務印書館.
蔣廷黻編　1931　『近代中国外交史資料輯要』上巻，商務印書館.
蔣廷黻編　1934　『近代中国外交史資料輯要』中巻，商務印書館.
金光耀＝王建朗主編　2006　『北洋時期的中国外交』復旦大学出版社.
孔祥吉＝村田雄二郎　2004　『罕為人知的中日結盟及其他——晩清中日関係史新探』巴蜀書社.
李恩涵　1963　『晩清的収回礦権運動』中央研究院近代史研究所.
李恩涵　1966　『曾紀澤的外交』中央研究院近代史研究所.
李恩涵　1982　「唐紹儀与晩清外交」，同『近代中国史事研究論集』台湾商務印書館，所収.
『李鴻章全集（二）電稿二』顧廷龍＝葉亜廉主編，上海人民出版社，1986 年.
李家駒　1992　「同治年間清政府対華工出洋的態度与政策」『近代史研究』1992 年第 3 期.
李慶平　1973　「清末保僑政策与駐外領事之設置」国立政治大学外交研究所研究生論文.
『李文忠公全集』李鴻章撰・呉汝綸編，全 165 巻，光緒 31～34 年.
梁嘉彬　1999　『広東十三行考』（商務印書館 1937 年初版）広東人民出版社.
林明徳　1970　『袁世凱与朝鮮』中央研究院近代史研究所.
林孝勝　1972　「清朝駐星領事与海峡殖民地政府間的糾紛（一八七七—九四）」『新加坡華族史論集』南洋大学畢業生協会，所収.

林友蘭　1978　「陳靄亭与香港華字日報」『報学』第 10 期.
劉序楓　2002　「清代環中国海域的海難事件研究——以清日両国間対外国難民的救助及遣返制度為中心（1644-1861）」『中国海洋発展史論文集』第 8 輯.
呂実強　1966　『中国官紳反教的原因（一八六〇—一八七四）』中央研究院近代史研究所.
茅海建　2005　『戊戌変法史事考』生活・読書・新知三聯書店.
聶宝璋編　1983　『中国近代船運史資料』第 1 輯，上海人民出版社.
「乾隆二十四年嘆咭唎通商案」『史料旬刊』第 3，4，5，9 期，1930 年，国風出版社，1963 年.
銭実甫　1980　『清代職官年表』全 4 冊，中華書局.
『欽定大清会典』勅撰，全 100 巻，乾隆 29 年.
『欽定大清会典事例』敕撰，全 1220 巻，光緒 25 年.
『清代中国与東南亜各国関係檔案史料彙編』第 1 冊，中国第一歴史檔案館編，国際文化出版公司，1998 年.
『清光緒朝中日交渉史料』故宮博物院編，全 88 巻，1932 年.
『清季外交史料』王彦威輯 = 王亮編，外交史料編纂処，1933 年.
『清季中日韓関係史料』中央研究院近代史研究所編，全 11 巻，1972 年，第 8 巻.
『清史稿』趙爾巽等編，中華書局，全 48 冊，1977 年.
全海宗著，全善姫訳　1997　「清代韓中朝貢関係考」，同『中韓関係史論集』中国社会科学出版社，所収.
権赫秀　2005　「日俄戦争対近代中韓関係的影響」『近代史研究』2005 年第 6 期.
任雲仙　2002　「清代海外領事制度論略」『中州学刊』2002 年第 5 期.
「日本差官来華立約通商事（同治九年十月～十二月）」，総理各国事務衙門檔案 01-21-24-1，中央研究院近代史研究所檔案館所蔵.
「日本換約（同治十年一月～六月）」，総理各国事務衙門檔案 01-21-50-1，中央研究院近代史研究所檔案館所蔵.
「日本換約（同治十年七月～十一月）」，総理各国事務衙門檔案 01-21-51-1，中央研究院近代史研究所檔案館所蔵.
『栄禄存札』杜春和 = 耿来金 = 張秀清編，斉魯書社，1986 年.
邵循正　1935　『中法越南関係始末』国立清華大学.
『申報』上海，日刊，同治 11 年～民国 38 年.
施肇基　1967　『施肇基早年回憶録』伝記文学出版社.
『朔方備乗』何秋濤撰，68 巻・首 12 巻，畿輔志局，光緒 7 年.
孫宏年　2006　『清代中越宗藩関係研究』黒龍江教育出版社.
湯志鈞　1986　『戊戌変法史論叢』谷風出版社.
『弢園文録外編』王韜撰，光緒 9 年，中華書局，1959 年.
王立誠　1991　『中国近代外交制度史』甘粛人民出版社.
王立誠　2001　「外交家的誕生：顧維鈞与近代中国外交官文化的変遷」，金光耀主編『顧維鈞与中国外交』上海古籍出版社，所収.
王璽　1981　『李鴻章与中日訂約（一八七一）』中央研究院近代史研究所.

王信忠　1937　『中日甲午戦争之外交背景』国立清華大学.
王芸生編　1932-1934　『六十年来中国与日本』全 7 巻，大公報社.
呉成章　1913　『外交部沿革紀略』，沈雲龍主編，近代中国史料叢刊三編第 25 輯，文海出版社，所収.
『戊戌変法』全 4 冊，中国史学会主編，中国近代史資料叢刊，神州国光社，1953 年，第 2 冊.
『戊戌変法檔案史料』国家檔案局明清檔案館編，中華書局，1985 年.
『戊戌変法文献彙編』楊家駱主編，鼎文書局，1973 年.
『戊戌政変記』，梁啓超著・林志鈞編『飲冰室合集』中華書局，1989 年重版，『飲冰室専集』一，所収.
『廈門志』周凱等纂，全 16 巻，道光 19 年.
蕭公権　1983　『翁同龢与戊戌維新』聯経出版事業公司.
「辛丑議約第十二款専檔　改外務部」，総理各国事務衙門檔案 01-14-32-6，中央研究院近代史研究所檔案館所蔵.
『薛福成日記』薛福成著・蔡少卿整理，吉林文史出版社，2004 年.
『顔恵慶自伝——一位民国元老的歴史記憶』呉建雍＝李宝臣＝葉鳳美訳，商務印書館，2003 年.
『簷曝雑記』趙翼撰，『竹葉亭雑記・簷曝雑記』清代史料筆記叢刊，中華書局，1982 年，所収.
楊易　1998　「晩清外交官与戊戌維新運動」，王暁秋＝尚小明主編『戊戌維新与清末新政』北京大学出版社，所収.
葉顕恩　2004　『徽州与粤海論稿』安徽大学出版社.
『庸盦海外文編』薛福成撰，全 4 巻，光緒 21 年，『庸盦全集』光緒 24 年，華文書局，1971 年，所収.
『庸盦文編』薛福成撰，全 4 巻，光緒 13 年，『庸盦全集』光緒 24 年，華文書局，1971 年，所収.
『庸盦文別集』薛福成撰，上海古籍出版社，1985 年.
于徳楙　1915　「事実彙記」『于氏家譜』所収.
余定邦＝喩常森等　1999　『近代中国与東南亜関係史』中山大学出版社.
袁丁　1994　『晩清僑務与中外交渉』西北大学出版社.
『粤海関志』梁廷枏撰，全 30 巻.
『曾恵敏公遺集』曾紀澤撰，江南製造総局，光緒 19 年.
張誠孫　1937　『中英滇緬疆界問題』北平，哈仏燕京学社.
張存武　1978　『清韓宗藩貿易』中央研究院近代史研究所.
張富強　1991　「李鴻章与清末遣使駐外」『広東社会科学』1991 年第 2 期.
趙明龍　1993　「古代中越辺境貿易歴史及其啓示」『中国辺疆史地研究』1993 年第 1 期.
趙永進　2002　「総理衙門改為外務部新議」『湖南省政法管理幹部学院学報』第 18 巻第 2 期.
『鄭孝胥日記』労祖徳整理，中華書局，1993 年.

中国之新民（梁啓超）1902「新史学」『新民叢報』第1号.
周中堅　1992　「中越辺境貿易史略」『東南亜縦横』1992年第4期.
『駐徳使館檔案鈔』台湾学生書局，1966年.
荘国土　1989　『中国封建政府的華僑政策』廈門大学出版社.
荘国土　2006　「対晩清在南洋設立領事館的反思」『廈門大学学報（哲学社会科学版）』2006年第5期.

【ハングル】

高柄翊　1970　「露皇戴冠式에의 使行과 韓露交渉」，同『東亜交渉史의 研究』서울大學校 出版部，所収.
権錫奉　1984　「清日戦争이후의 韓清関係 研究（一八九四〜一八九八）」『清日戦争을 前後한 韓国과 列強』韓国精神文化研究院歴史研究室編，所収.
権錫奉　1987　「韓清通商条約의 締結」『東方学志』第54・55・56合輯号.
宋炳基　1976　「光武改革 研究――그 性格을 中心으로」『史学志』第10輯.
柳永益　1984　「清日戦争中 日本의 対韓侵略政策――井上馨公使의 朝鮮保護国化企図를 中心으로」『清日戦争을 前後한 韓国과 列強』韓国精神文化研究院歴史研究室編，所収.
殷丁泰　2005　「一八九九년 使韓・清通商条約 締結과 大韓帝国」『歴史学報』第186輯.
李求鎔　1984　「朝鮮에서의 唐紹儀의 活動과 그 役割――清日戦争 前・後期를 中心으로」『藍史鄭在覚博士古稀記念 東洋学論叢』高麗苑，所収.
李玟源　1990　「俄館播遷期의 朝露交渉――閔泳煥特使의 活動을 중심으로」『尹炳奭教授華甲紀念韓国近代史論叢』知識産業社，所収.

【欧　文】

Appendix, Foreign Relations of the United States, 1901, Affairs in China, Report of William W. Rockhill, Late Commissioner to China with Accompanying Documents, Washington, D.C., 1902.
Banno, M.（坂野正高）, 1964. *China and the West 1858-1861, the Origins of the Tsungli Yamen*, Cambridge, Mass.
British Parliamentary Papers, *China. No. 5 (1901). Further Correspondence respecting the Disturbances in China*, presented to both Houses of Parliament by Command of His Majesty, London, 1901.
British Parliamentary Papers, *China. No. 6 (1901). Further Correspondence respecting the Disturbances in China*, presented to both Houses of Parliament by Command of His Majesty, London, 1901.
British Parliamentary Papers, *China. No. 1 (1902). Correspondence respecting the Affairs of China*, presented to both Houses of Parliament by Command of His Majesty, London, 1902.
Cordier, H., 1901-1902. *Histoire des relations de la Chine avec les puissances oc-*

cidentales, 1860-1900, 3 tomes, Paris.

Cordier, H., 1905. *L'expédition de Chine de 1857-58, Histoire diplomatique, notes et documents*, Paris.

Cordier, H., 1906. *L'expédition de Chine de 1860, Histoire diplomatique, notes et documents*, Paris.

Costin, W. C., 1937. *Great Britain and China 1833-1860*, Oxford.

Dennett, T., 1922. *Americans in Eastern Asia, a Critical Study of the Policy of the United States with reference to China, Japan and Korea in the 19th Century*, New York.

Dudden, A., 1999. "Japan's Engagement with International Terms," Lydia H. Liu (劉禾), ed., *Tokens of Exchange: The Problem of Translation in Global Circulations,* Durham, North Carolina.

Fairbank, J. K., 1969. *Trade and Diplomacy on the China Coast, the Opening of the Treaty Ports, 1842-1854*, Stanford.

Fairbank, J. K., ed., 1968. *The Chinese World Order*, Cambridge, Mass.

Greenberg, M., 1951. *British Trade and the Opening of China 1800-1842*, Cambridge.

Hsü, I. C. Y. (徐中約), 1960. *China's Entrance into the Family of Nations: the Diplomatic Phase, 1858-1880*, Cambridge, Mass.

Morse, H. B., 1908. *The Trade and Administration of the Chinese Empire*, 1st ed., Shanghai, etc.

Morse, H. B., 1909. *The Gilds of China, with an Account of the Guild Merchant or Co-hong of Canton*, London, etc.

Morse, H. B., 1910-1918. *The International Relations of the Chinese Empire*, 3 vols., Shanghai, etc.

Morse, H. B., 1926-1929. *The Chronicles of the East India Company Trading to China, 1635-1834*, 5 vols., Oxford.

New York Times, New York, daily, 1851-.

Nish, I., eds., *British Documents on Foreign Affairs: Reports and Papers from the Foreign Office Confidential Print; pt. 1; ser. E; Vol. 3: Japanese Treaty Revision, 1878-1894*, University Publications of America, 1989.

North China Herald, Shanghai, weekly, 1850-.

Papers relating to the Foreign Relations of the United States, 1900, Washington, D.C., 1902.

Pritchard, E. H., 1929. *Anglo-Chinese Relations during the Seventeenth and Eighteenth Centuries*, University of Illinois Studies in Social Science, Vol. 17, Nos. 1-2.

Pritchard, E. H., 1936. *The Crucial Years of Early Anglo-Chinese Relations, 1750-1800*, Research Studies of the State College of Washington, Vol. 4, Nos. 3-4.

Sasaki, Y. (佐々木揚), 1984. "The International Environment at the Time of the Sino-Japanese War (1894-1895)—Anglo-Russian Far Eastern Policy and the Beginning

of the Sino-Japanese War," *Memoirs of the Research Department of the Toyo Bunko*, No. 42.

Satow, E., 2006. *The Diaries of Sir Ernest Satow, British Envoy in Peking (1900-1906)*, edited and annotated by Ian C. Ruxton with an Introduction by James E. Hoare, Lulu.Com, Morrisville.

Viraphol, S., 1977. *Tribute and Profit: Sino-Siamese Trade, 1652-1853*, Cambridge, Mass., etc.

Watson, A., 1992. *The Evolution of International Society: a Comparative Historical Analysis*, London.

Wickberg, E., 1965. *The Chinese in Philippine Life 1850-1898*, New Haven.

Wright, M. C., 1957. *The Last Stand of Chinese Conservatism, the T'ung-Chih Restoration, 1862-1874*, Stanford.

Yen Ching-hwang (顔清湟), 1985. *Coolies and Mandarins: China's Protection of Overseas Chinese during the Late Ch'ing Period (1851-1911)*, Singapore.

Пак, Б. Б., 2004. *Российская дипломатия и Корея, книга вторая, 1888-1897*, Москва.

Пак, Б. Д., 1979. *Россия и Корея*, Москва.

Романов, Б. А., 1928. *Россия в Маньчжурии (1892-1906)*, Ленинград.